图解服务的细节
132

お金をかけずに今日から繁盛店にする新発想 ゼロコスト集客術

# 餐饮店"零成本策略"
# 不花一分钱的揽客妙招

[日] 胜田耕司 著
潘郁灵 赵婉琳 译

人民东方出版传媒
People's Oriental Publishing & Media
东方出版社
The Oriental Press

# 前　言

你好啊，我叫胜田耕司，职业是餐饮店顾问。

在这本书中，我会向你介绍一种不花一分钱招揽顾客的方法，即"零成本策略"。

现如今，每个行业，尤其是餐饮行业，都发生着翻天覆地的变化。转折点是智能手机的出现。

随着智能手机的普及，互联网出现了"赢家"和"输家"两个阵营，两极分化日益凸显。这就要求餐饮店比其他行业店铺具有更明显的"差异化"和"明确的卖点"。

2017年，"晒Ins[①]"获得了日本流行语大奖。从那时

---

[①] Ins，Instagram的简称，中文译作"照片墙"，是一款社交软件。（译者注）

起，人们对餐饮店的追求除了"饮食的乐趣"之外，还有"拍照"的乐趣。

现在，经历了"晒Ins"时期后，我们正步入一个"晒视频"和"晒故事"的时代。

因此，餐饮店必须对时代的变迁做出敏锐的应对。

另一方面，社会出现了严重的"用工荒"问题。少子老龄化的浪潮更是在猛烈地冲击餐饮业。

由于人手短缺，盈利却倒闭的餐饮店屡见不鲜。典型案例有牛肉盖饭连锁店"食其家"，它在日本拥有300家店铺，停止24小时营业就是因为劳动力不足。

店铺的魅力不仅面向顾客。当今时代，舒适的店铺布局直接关系着人员招聘。因此，我关注的概念是餐饮店的"透明资产"。

"透明资产"顾名思义，就是肉眼看不见的优势。但是，它实实在在地存在于每家店铺。

店铺的工作人员、出售的商品、提供的专业技术和服务令顾客感到"舒适"，这些都是"透明资产"。而为

## 前　言

了实现"零成本策略",不花一分钱让顾客走进店里,我们首先必须找到"透明资产"。

事实上,有许多店主和店长都没有意识到自家店铺的"真正魅力"。甚至可以说,几乎所有人都没有察觉到自家店铺的优势。

关于"透明资产",请参考正文第3章的解说。

有了这个工具,我相信任何人都能找到自家店铺的优势。

找到"透明资产"之后,接下来就是充分利用社交媒体。

尽管IT发展掀起了千层浪,但餐饮行业占据主导地位的还是传统方式。

同时,也有不少餐厅为了招揽顾客,向各大美食网站支付高额的广告费。

但我认为依靠广告的时代已经一去不复返了。

我们应当通过社交媒体让更多的人知道"透明资产",店铺完全有可能在不投入任何成本的情况下提高揽客效果。

此外，要想通过手机充分利用社交媒体，就必须明确店铺的"卖点"。

在外出就餐选择餐厅时，"口碑"和"朋友推荐"占据的比重很大。如果哪家店铺没有进入店铺候选的"选项"，就等于被抹杀了存在感。

在打造让顾客印象深刻的店铺方面，"零成本策略"一定会成为最强大的工具。

胜田耕司

# 目　录

序　章

## 免费获得顾客的"零成本策略"

"思出横丁"商店街的火爆原因：独特的时代色彩和

　　隐形服务 ………………………………………… 003

大家都会去拥有"透明资产"的店铺排队 ………… 006

喝酒喝的是信息 ……………………………………… 008

现代年轻人在"零阶段"选择店铺 ………………… 010

"零成本策略"可以免费招揽顾客 ………………… 012

我成为"透明资产"顾问的契机 …………………… 014

I

第 1 章

# 零广告费也能销售火爆

秘密堂：改变刨冰概念，社交网络上大受欢迎 …… 021

轮滑咖啡馆：时薪虽低，求职者却蜂拥而至的

    原因——造星 ………………………… 023

餐饮外卖：一键送达的不仅是餐品，还有服务 …… 025

奇异酒店：启用让顾客放松的机器人服务 ………… 027

Moumou Cafe：靠人气单品吸引媒体采访报道 ……… 029

Kawa 屋：在"烤鸡皮"中投入想法、时间和

    精力 …………………………………… 031

在客单价高的地方开设首家店 …………………… 034

吉野家："美味、简单、快捷"是所有生意的

    基本原则 ………………………………… 037

# 目录

## 第2章
## 赋予餐饮店以精神

虎屋：创造一个自由、全新的糕点世界 ……………… 041

以拉面店为例：创建菜单时，专业精神尤为重要 … 043

珍来：用90年时间打造出当地味道 ………………… 046

关注独居者需求，设立单人席位 …………………… 049

食其家：废除"一人当班"制度，恢复深夜营业 … 052

根岸：以"根岸精神"留住90%以上的员工 ……… 054

## 第3章
## 经常有顾客排队的餐饮店善用"透明资产"

"透明资产"的六大基本理念：QSCA+V+M ……… 059

在商品开发和促销活动策划中，要注意大众媒体
　　关注的"八个特性" ……………………………… 073

员工是最强的"透明资产" …………………………… 080

杯子、卫生纸等接触肌肤的物品一定要选高档品 … 083

"今天弄哭了多少人？"这是意大利餐厅 Casita 的

　　暗语 ……………………………………………… 085

巧用"透明资产"，深山里也能出人气餐饮店 ……… 087

## 第 4 章
## 餐饮店提升营业额的巧思

海女小屋：推荐高价餐品的方法 ………………… 093

为什么给 2 颗糖果，小费就会上涨 23%？ ………… 095

营业时间越短越好：顾客多到排队的时间，料理

　　更美味 …………………………………………… 097

与卡通形象联名，打造儿童午餐盘 ………………… 100

提供看得见又看不见的服务 ………………………… 102

让顾客说"谢谢"，复购率会提高 5 倍 …………… 105

大阪站立式酒吧：大声喊顾客名字，对他们说

　　"欢迎回来" …………………………………… 107

京都的终极服务："谢绝生客" …………………… 109

## 第 5 章

# 成为顾客首选

打造店铺品牌就是编故事 …………………… 113

成为顾客脑海中的"三选一" ………………… 116

为什么游客去冲绳只喝 Orion 啤酒？ ………… 118

"新鲜出炉""现做""产地直送"

  易出人气商品① ………………………… 120

"新鲜出炉""现做""产地直送"

  易出人气商品② ………………………… 125

赤福、石屋制果：从丑闻中挽回品牌形象 ……… 129

京都北白川拉面魁力屋：以地名命名提高

  揽客能力 ………………………………… 132

有"世界食品品质评鉴大会金奖"的认证

  就能卖得好 ……………………………… 134

没有招牌的店铺和拒绝接受采访的店铺靠自己

  赢得口碑 ………………………………… 136

第 6 章

## 社交网络比报纸广告更有效

不需要在美食网站支付大量广告费 …………… 141

照片胜过文字，视频胜过照片 ………………… 145

龟户饺子：靠单品菜单让顾客排起长队 ………… 148

博得女孩子口碑比定位年龄更重要 ……………… 150

星巴克：隐藏"小杯"的销售技巧 ……………… 154

勇里庵：烤肉店的延迟上肉策略 ………………… 157

查询日本纪念日协会网站来策划活动 …………… 159

第 7 章

## 利用"零成本策略"，化劣势为优势

成为小众领域的领头羊 …………………………… 163

元祖炸串达摩：借助媒体东风，锁定"家庭
聚餐" ………………………………………… 165

赢得90%的顾客喜爱:"只为过生日的你"特价
　　提供策略 ································· 168
想要提高业绩,就表扬自己的员工 ············· 170
餐饮周边的"零成本策略":通过专业化实现销售额
　　最大化 ································· 174

## 第8章

## 勿让"透明负债"击垮公司

顾客不再光顾的最大理由是"不知道为什么" ······· 181
店铺移址、翻新改造须谨慎 ················· 184
让顾客第一时间知道店内提供"多语言菜单" ····· 186
传达正确的餐厅礼仪 ······················ 188
坐在顾客的椅子上看问题 ··················· 190

## 第9章

## 没钱也能开"常胜店"

为什么我能在中部国际机场的招商中取得胜利? ····· 195

Hospitason：为餐饮店吸引顾客提供社交网络

　　服务支持 ················································· 199

单干后，我发现仅凭自己的从业经验无法吸引

　　顾客 ····················································· 203

来自高中时期足球俱乐部的队友和恩师的支持 ······ 205

提高餐饮从业者的地位 ································· 207

推动个人成长和企业成功 ······························ 210


结束语 ························································· 211

# 序　章

## 免费获得顾客的"零成本策略"

> # "思出横丁" 商店街的火爆原因：
> # 独特的时代色彩和隐形服务

　　新宿歌舞伎町是世界上最大的娱乐区。街面上餐饮店、娱乐场所和电影院林立，甚至有人用"不夜城""魔都"来形容它。歌舞伎町一丁目和二丁目总面积约34万平方米。人口不过2400人，竟然有1100多家餐饮店密集在此。

　　从这里走大概5分钟，就能到达"新宿西口思出横丁"。烤鸡肉串店、烤串店等鳞次栉比，有80多家大众餐饮店聚集在这片区域。我在东京饭田桥的母校——晓星高中实习的时候，曾和足球俱乐部恩师一起造访于此。这条街上还有一家我们每晚一起喝酒，名为"鳗鱼·兜"

的小店。

这条街起源于第二次世界大战结束后的黑市。1999年这里发生了火灾,进行了整修,但依然保留着浓厚的昭和色彩。

这条街的正式名称为"新宿西口商店街"。但实际上,"思出横丁""烧横丁""小便横丁"这些俗名更为家喻户晓。

最近有很多外国游客来访,每天都热闹非凡。

一踏进思出横丁,首先映入眼帘的就是五彩缤纷的霓虹灯。置身其中,你会被它的独特氛围所震撼。

每家店铺看起来都好像电影布景一样,仿佛整条街道都弥漫着气味、声音和烟雾。你能闻到从关东煮店飘出阵阵汤汁的浓郁香味,还能听到"咕嘟咕嘟"炖煮汤汁的声响。烤鸡肉串店里鸡油嗞嗞作响,香气扑鼻。

每家店铺都是人山人海,生意火爆。顾客们有说有笑,店员们精力充沛的口号声听起来令人备感惬意。

在这里,顾客和店员之间能够进行畅通无阻的沟通。

说了这么多,"思出横丁"之所以一年365天都热闹非凡,是因为这里除了菜肴美味可口之外,还隐藏着很多"隐形的服务"。

先说结论,我认为一家店铺能否受欢迎,"30%取决于看得见的,70%取决于看不见的"。

"看得见的"是指菜品本身的味道、摆盘、器皿、桌椅、服务员的言行、店门的布置和内部装饰等。

然而,一家人气店铺总是把金钱和时间花在"看不见的"地方上。例如,店内的氛围、店长的笑容、对店员的关心和照顾等。

只有将"看不见的"与"看得见的"融为一体,才能打造出人气店铺。

## 大家都会去拥有"透明资产"的店铺排队

本书的主题之一就是找出各家店铺所拥有的"透明资产"。"透明资产"指看不见,但能通过人、商品、服务让顾客身心愉悦的资产。有意识地寻找"透明资产",并且充分利用它的店铺一定会受欢迎。

相反,那些只把钱花在看得见的地方上的店铺,无论菜品的味道有多好,最终也一定会倒闭。

本书的目的是帮你的店铺发现属于你的"透明资产",并且灵活运用这些"透明资产",让你的店铺不花一分钱就能生意兴隆。

我希望不仅是餐饮店,所有经营店铺的老板、经营者、店长都能读一读这本书。

同时，我也希望在这些店铺工作的员工能阅读这本书。因为店铺的生意好，客人来得多，工作起来才会更加开心。

经常有餐饮店的老板说："我们店里没有'透明资产'。"这个时候，请你一定要戴上帽子，戴上太阳镜，戴上口罩，化装成顾客去自己的店里看一看。

你一定会发现很多事情。例如，为何自己的店铺受欢迎，或者为何无人问津。

## 喝酒喝的是信息

你平时喜欢喝什么牌子的啤酒？

啤酒的品牌有很多，如麒麟一番榨啤酒、麒麟拉格啤酒、特级麦芽威士忌啤酒、黑标啤酒、超级干啤酒等。我相信你一定也有自己喜欢的品牌。

如果再加上手工啤酒和进口啤酒的厂商，啤酒的品牌数不胜数。

但是，我认为大多数的啤酒在味道上没有本质区别，你喜欢的啤酒是通过"烙印"决定的。所以，我认为"喝酒喝的是信息"。

我们喝的啤酒都是从电视广告、报纸、杂志、网络信息和社交媒体上看到的。比如，一想到日本国家足球队，就会想起"KIRIN"的标志，想去喝麒麟一番榨啤酒——我们就是这样被信息操控的。

同理，因为我们在选择店铺的时候已经"掌握信息"了，所以在光顾店铺之前就已经决定了要去哪家店。

我将涉及这个场景的营销称为"零阶段营销"。

# 现代年轻人在"零阶段"选择店铺

选择店铺的"阶段2"是从曾经去过的店铺中选择。

"阶段1"是直接到购物街或闹市区,决定去哪家店里喝酒。

"零阶段"则是通过口碑、朋友介绍或网上搜索确定想去的店铺,在去之前就明确了自己心中的"最佳店铺"。

这些顾客根本不看其他店铺的信息,他们的眼里只会看到那家店的信息。

比如,你问今晚和你一起去吃饭的朋友:"我们去哪家烤肉店呢?"最后你去的店铺一定是当时脑海中浮现出的几家店之一。那些没有在你的候补选项中出现的店铺,你不会去光顾。如果在当地生活和工作的人的心目中不存在这家店，他们是不会去的。

当"零阶段营销"成为主流时，店铺所传递的信息也发生了180度的转变。

换而言之，如何在社交网络（SNS）上得到"点赞"以及获得"评论"和"分享"，是打造人气店铺的最大课题。

为什么在社交网络上能卖得这么好呢？因为我们的大脑会无意识地将我们经常看到和听到的东西识别为安全来源，并且让我们逐渐养成购买它们的习惯。

美国心理学家罗伯特·扎因斯（Robert Zajonc）提出了"扎因斯效应"，他认为见面次数越多的人，可信度越高。

同样，消费者会放心购买他们看到过、听到过、接触频率较高的商品。

特别是在社交网络上，你要注意网络投稿时把自己的个性展现出来，这样才能与顾客产生共鸣，加深信赖关系。对顾客说出"想见你！"，更多的人会因此聚集到店里来。

## "零成本策略"可以免费招揽顾客

在社交网络上有很多网红店。

我在本书中会给大家介绍一些店铺案例,例如:

使用天然冰改变刨冰概念的"秘密堂"通过"晒Ins"大受欢迎。

"拉面真屋"是日本唯一一家连锁牛骨拉面的餐厅,通过在社交媒体上持续发布拍摄制作拉面过程的视频,使来店就餐的顾客数量增加了两倍。

戚风蛋糕上铺满鲜奶油的"Moumou Cafe"在Ins上好评如潮,采访的风潮从未停止。

在社交网络的全盛时期,即使店铺的选址不在车站前的黄金地段,通过互联网店铺一样可以经营得十分红火。在营销术语中，位于车站前等黄金地段的店铺被称为"功能店"，而顾客特意去光顾的店铺被称为"目标店"。

功能店的租用费用比二、三级地段的租金高出 3~5 倍，但通过寻找"透明资产"，我们可以吸引大量的"零阶段"顾客。我们现在所处的时代，即使是目标店，只要在社交网络上发布店铺的个性和卖点就有可能成为人气旺店。

我将这种营销策略称为"零成本策略"。

希望大家都能意识到这种不花一分钱让顾客排起长队的"零成本策略"的重要性。

## 我成为"透明资产"顾问的契机

我想和大家聊聊我为什么会成为"透明资产"的顾问。

1970年我出生于东京都大田区。我的祖父经营了一家公司,主要生产火腿和香肠。我特别爱吃东西,经常放学一到家就打开冰箱,大口大口地吃生火腿和香肠,把这些当成我的零食。

我沉迷于练足球,早上练、晚上练,周末也从未休息过,老师也因此让我担任足球部的队长。

在晓星中学上初中二年级的时候,我参加了日本全国大赛。一年后,我还作为主将参加了东京都大赛的决赛。

之后，我加入了晓星高中足球部，三年内参加了五次日本全国大赛。

高三那年的冬天，我们获得了日本全国大赛第三名（全校最好成绩），我还被评选为优秀足球选手。

此后，我的目标便是成为一名足球教练，并顺利考入了顺天堂大学体育系。

大学期间，我参加了四次大学锦标赛，四次天皇杯，三次首相杯。

我一直追求成为全日本第一，想在全日本第一的公司工作，于是就来到了当时市场占有率第一的麒麟啤酒公司上班。

麒麟啤酒是一家一直支持日本足球代表队的公司。

在麒麟啤酒工作的时候，我主要负责向餐饮店销售啤酒，为日本全国2000多家餐饮店的销售和店铺开业进行活动策划。

当我去找餐饮店老板洽谈业务的时候，他们向我倾诉了很多烦恼，比如如何招揽顾客、如何提高营业额等。

每一个店长、老板都不会敷衍了事。他们每个人都在拼命寻找解决方案。

越了解餐饮店的实际情况，我就越想帮助这些每天为招揽顾客而烦恼、痛苦、努力奋斗的餐饮店老板。

虽然我是一名上市公司的员工，原本也可以选择安稳的上班生活，但是我在 41 岁时还是毅然决然地辞去了麒麟啤酒的工作，开始创业。

创业之初，我对自己有着"绝对的自信"。

这是因为我在麒麟啤酒做业务员的时候，每年的项目都取得了卓越的成果，包括四次获得社长奖，公司内部公认我是一名很成功的业务员。

因此，独立创业时，我也从没想过创业会失败。

现实非常残酷。在创业后的两年时间里，我一直艰难度日。辞掉麒麟啤酒的工作之后，开始创业之前，为了多了解一些餐饮店的情况，我开始在站立式酒吧做兼职，负责洗碗和清洁排水管的工作。

在一个休息日，我重新光顾了自己兼职过的那家酒吧。

当我进店时，店员热情地和我打招呼，对我说："欢迎回来。"那个时候，我突然明白：不是因为我又来打工了，而是这家店会对所有的客人说"欢迎回来"。

在这家店里，如果客人点了"生啤"，10秒钟内就会被端上餐桌。

一大早店里就准备好了每日菜单，包括汤豆腐、生鱼片、手工煮菜等20多种菜品，所以上餐很快。而且，味道也很不错。

我环顾四周，突然发现每一位客人都是满面笑容，十分享受。我兼职的这家店，不管你是一个人来，还是和朋友一起来，都能玩得十分尽兴。

"流行的店铺，拥有肉眼看不见的财富！"

我第一次意识到，除了美食的味道和门店的装饰之外，餐饮店受欢迎还有很多原因。

这就是我转型"'透明资产'顾问"的契机。

# 第 1 章

## 零广告费也能销售火爆

## 秘密堂：改变刨冰概念，社交网络上大受欢迎

你听过一家名叫"秘密堂"的刨冰专卖店吗？这是一家坐落在"谷根千"一角，东京谷中经营的超人气店铺。

一年四季，数十人的热情粉丝都会排起长队。据说，最久要排队6小时。

秘密堂中的"秘密"是指"冰蜜"，表示它选用当季时令水果的"纯冰蜂蜜"代替现成的糖浆，浇淋在手工刨出的天然刨冰上。

它最大的特点在于视觉效果。碗里的天然冰冒着尖儿，与色彩丰富的冰蜂蜜形成鲜明的对比，令人赏心

悦目。

对于第一次看到它的人来说,毫无疑问,一定会打破对原有刨冰的印象。

"吃掉之前想拍照留念。""我想让别人看到我拍的照片。""没想到在这家店里能够遇到如此珍品。"

"秘密堂"已成为东京最受欢迎的店铺之一。但是最初,它不过是一个摊位而已。店主从一个兜售刨冰的小贩走到今天,取得了飞跃般的成功。当然,其中也少不了辅助要素。例如,店主非常擅长和人交流,冰块的来源、供应商、限量版产品统统都会讲给你听。

我在本书的第 1 章上来就介绍"秘密堂"是有理由的。没错,这家店没有投入任何广告费。

来到店铺的客人可以随意拍照,可以随意发布到社交媒体上。即使不说话,媒体也会来采访,这实现了最大、最强的宣传效果。

不花一分钱在社交媒体上得到良好的宣传,吸引顾客。这就是我想在本书中讲述的成功营销策略案例。

> ## 轮滑咖啡馆:时薪虽低,
> ## 求职者却蜂拥而至的原因——造星

曾经,在美国纽约有一家名为"轮滑咖啡馆"的传奇店铺。

在这家店里,所有的店员都穿着轮滑鞋,一边在大厅里滑着旱冰,一边接待客人。当时正是"光GENJI"组合风靡日本的时期,轮滑是当时最顶端的潮流,迎来了众多人追捧。

为什么轮滑咖啡馆具有如此传奇的色彩?那是因为在这里工作过的店员,在这之后都会在演艺界崭露头角。

这家店铺的时薪是当时最低的薪资水准。但是,即使店里不招人,想来工作的求职者也是蜂拥而至。

"如果在这里上班，我可能有机会早些出道。"

所有的求职者都这么想。

这家店铺的员工也许都是未来的大明星。很多客人和星探都是冲着店员来的。

轮滑咖啡馆没有投入任何宣传费用，但却生意兴隆。当然，那会儿还没有出现社交网络，而且互联网也没有普及。

我不禁惊叹，社交网络时代的理念就是在这样一个时代诞生的。可以说，它是"零成本策略"的先驱。

店铺打造的魅力是让更多人"想在那家店里工作"，并在此基础上彻底展现出店铺的魅力。社交网络则是一个以虚化实的工具。

## 餐饮外卖：
## 一键送达的不仅是餐品，还有服务

现在，"可携带的美食"外卖席卷了餐饮业。"可携带的美食"是一个新词，由"可携带的"和"美食"两个词组合而成。

日本国内有两家大型企业颇受人们关注。一家是从2016年开始提供外卖送餐服务的"UberEats"，另一家是LINE运营的"LINE Delima"。

"可携带的美食"外卖和传统的配送服务有什么区别呢？主要是配送系统不同。

在此之前，餐饮店在开始提供外卖服务前，必须建立自己的系统。"可携带的美食"外卖则不需要做这些准备，只要开发商品，利用现有的系统就可以实现。

你可以在舒适的家中享用高级餐厅的菜品。这些瞬间融入了我们的生活中，谁也无法轻易阻止这一趋势的发展。

从宏观的角度来看，目前以流通行业为首的各个行业都受到了以亚马逊为代表的"EC（电子商务）网站"的侵蚀。可以说，"可携带的美食"外卖热潮也是其中的一环。

外出就餐的形式发生了巨大变化，便利店却仍然是一大行业奇迹。很多便利店不仅供应价格低廉、种类繁多、质量上乘的熟食和便当，甚至还提供店内就餐的设施。最近，有的连锁便利店甚至开始供应生啤酒。

店铺必须明确一个"意义"用来吸引顾客光顾。餐饮店也一样，必须具备"可携带的美食"外卖或便利店没有的服务、耗费时间和精力的餐品，并且提供让顾客感到舒适的待客服务。

## 奇异酒店：
## 启用让顾客放松的机器人服务

日本旅行社巨头企业 HIS 集团推出的"奇异酒店[①]"势头无法阻挡。

2015 年，HIS 集团在长崎佐世保市的豪斯登堡开设了第一家分店。截至 2023 年 1 月，全日本共有 18 家门店。

奇异酒店的"奇异"并不指"奇怪"，它的含义是"持续改变"。

奇异酒店最大的特点是机器人承担了大部分的酒店

---

① 奇异酒店，日文名"変なホテル"，是日本 HIS 集团创建的全球首家无人宾馆。(译者注)

工作。酒店行业一直以来都非常重视由经验丰富的酒店服务员提供服务，而这家酒店的观念明显发生了逆转。奇异酒店确实很"奇异"。

奇异酒店引入机器人的首要目的之一是降低劳动力成本，它的利润率是普通酒店的两倍，这一点非常成功。

机器人提供服务不仅是为了提高生产效率，这一理论背后的原因在于顾客群体的改变——越来越多的日本人觉得"我不喜欢与人交往，太麻烦"。可以说，机器人的接待服务无须让客人耗费任何精力，这本身就算一项服务。

日本豚骨拉面专门店"一兰"设置了"味道集中柜台"，座位用隔板互相隔开，客人无须顾及左右就可以专心品尝面条，这与"享受对话""和大家一起"的想法完全相反。这是不是有点类似于机器人的接待服务呢？

这就是明确的立场创造出来的价值，例如"我们不提供平庸的服务"和"我们不需要与顾客面对面"。

## Moumou Cafe：
## 靠人气单品吸引媒体采访报道

我来给大家讲一个餐饮店案例——"Moumou Cafe"，店主是我的一位客户。

先介绍一下 Moumou Cafe。这家鲜奶油专卖店开设在日本的冈山县、静冈县和爱知县，招牌产品是浓郁的鲜奶油戚风蛋糕，已经成为网络上的一个热门话题。北海道浦幌地区生产的鲜奶油保证了专卖店的鲜奶油品质优良、味道浓郁、回味清爽。湿润的新鲜奶油被涂抹在戚风蛋糕上，当地的女性顾客称赞说："这款蛋糕实现了我们的小任性。"

她们一直在 Ins 上分享这款商品。它在社交媒体上自然地传播着，当一家新店开张时，大众媒体都会争相对其进行采访报道。

没有任何特殊的促销活动，在社交媒体和大众媒体的协同效应下，Moumou Cafe 变成了顾客云集的人气旺店。

由此可见，顾客寻找餐饮店的方法确实发生了很大的变化。此前，大家喜欢广泛利用各种美食网站搜索，如"Tabelog"、"Gurunabi"和"Hot Pepper"等。

最近的主流方式则是利用社交媒体的"#"（话题标签）来搜索。例如，如果用"甜点""拉面"等关键词搜索，就会出现既好看又美味的菜品图片和视频，人们立刻就能获取店铺地图和联系方式，做出"那就去这里吧"的决定。这样就建立好了整个流程。

同时，这个时期也很艰难，因为为了"晒美照"而发布的 P 图[①]很容易被看穿。

---

[①] P 图，指用编辑软件 Photoshop 美化过的图片。(译者注)

## Kawa 屋：在"烤鸡皮"中投入想法、时间和精力

"Kawa 屋"是一家老字号烧烤店，起源于日本福冈县。目前，用"博多 Kawa 屋"的商号设立的"Kawa 屋国际"总公司已进驻到东京、爱知、大阪等日本 8 个都府县。这家店的店主也是我的客户。

店里的"名代烤鸡皮"十分有名。"这不是肉啊""烤鸡皮哪儿都有"，如果你也有这样的想法，且慢，先听我讲。

这家店的名代烤鸡皮和其他店铺的 B 级商品无法相提并论，因为这家店只选用鸡颈部的皮，而且一根烤串要用两只鸡的皮。食材的准备需要 6 天时间，烤一遍蘸

一次酱汁，再烤、再浸泡到酱汁里，如此反复。直到第 7 天的时候才会被拿到客人的面前进行烤制。

"想让顾客吃到最美味的鸡皮。"这是创始人，也就是上一代店主倾注心血创造出的美食杰作。这一追求极致的烤鸡皮最终超越了 A 级商品。现在，店主的儿子们继承了父亲的店铺。

Kawa 屋的每家店铺都有来自日本全国各地的食客，他们慕名而来，寻找最有名的烤鸡皮。毫不夸张地说，这家店铺在行业里可是享有盛誉。

位于宫城和仙台的分店开业时，每周要接受三次电视采访。在日本关西开设的大阪京桥南口店和京都乌丸四条店，自开业起店里的顾客就络绎不绝。

在阪神百货商店举办的饮食活动"福冈、熊本、鹿儿岛展销会"上，Kawa 屋可谓独占鳌头，顾客每天都要排 2 小时的长队。在 2019 年的大型连休假期时举办的"FOOD SONIC 2019 in 中之岛"活动上，排队的顾客依然熙熙攘攘。

Kawa屋的优势是在产品创作中投入了坚定的"想法"以及"时间和精力"。正是这种无形的"透明资产"吸引了大量的顾客。

## 在客单价高的地方开设首家店

喉黑鱼又被称为"梦幻鱼",含有大量脂肪,食用方法多种多样,如制成生鱼片、炖煮、晒成鱼干等。

有一家喉黑鱼专营店名叫"银座中俣喉黑鱼专营店"。店里不仅销售喉黑鱼,而且还提供"全日本最美味"的对马水产品。值得一提的是,该店铺位于东京银座,客单价高达7000~8000日元。

或许有人认为"因为是银座,所以人均消费再高也无所谓",但事实并非如此。毕竟,银座到处都是餐饮店,而喉黑鱼专营店却只有"中俣"一家。

如今,这家店铺的预订座位一席难求。虽然日本目前很难摆脱通货紧缩带来的压力,但对很多顾客而言也不是便宜就好。即使客单价高，只要有价值，顾客也会光顾。

在大阪泉佐野市有一家极具个性的店铺——从泉佐野车站步行15分钟就能到达的"割烹松屋"。它是一家拥有50年历史的老店，招牌菜品是"梭子蟹"。

梭子蟹是一种精致且充满未知的生物。如果把它们放在水箱里饲养，一年里怎么都会出现几次它们全部死亡的情况。

泉佐野市与夕张市一样，都是日本财政健全化的地方自治体。随着当地经济的降温，割烹松屋的客流量也开始急剧下降。

第二代店主深思熟虑一番，下定决心要用当地出产的梭子蟹赌一把。套餐价格是1万日元，客单价设定得比较高。

现如今，海外顾客的预约信息也是蜂拥而至。"如果去日本，我想去松屋吃梭子蟹。"割烹松屋已然成了海外知名店铺。

"专营梭子蟹。"第二代店主打定主意后，开始致力于"让人们了解它"。

首先，当然要利用社交媒体。同时，网络发帖、制作和管理顾客名单、定期发送直接邮递广告等，能用的办法他全都用上了。

虽然在烹饪界里执着的厨师有很多，但能做到这种程度的还是凤毛麟角。

"我希望全世界的人都能吃到泉佐野出产的美味梭子蟹。"第二代店主凭借坚韧不拔的精神致力于顾客开发，最终迎来了今天的蒸蒸日上。

他为什么要给自家店铺贴上"高端店铺"和"离车站较远"的标签呢？因为他坚信：只要没有其他同类型的店铺出现，顾客就会专程前来用餐。割烹松屋就是一个很好的例子。

## 吉野家："美味、简单、快捷"是所有生意的基本原则

说到牛肉盖饭，最具有代表性的三家店铺是"吉野家"、"食其家"和"松屋"。多年来，它们一直上演着激烈的竞争大赛。

最后，吉野家脱颖而出。吉野家是牛肉盖饭连锁店的代表品牌，即便食其家反超它的销售额，也依然无法撼动它的地位。

"美味、简单、快捷"的宣传口号太有名了，可以说是吉野家的经典台词。

我们冷静下来想一想，"美味、简单、快捷"并非吉野家的专利，更确切地说，它应当是所有服务行业，包

括餐饮业共有的基本认知。吉野家的聪明之处，在于它迅速打出了"美味、简单、快捷"的口号。

最先给大众留下"牛肉盖饭连锁店"印象的是吉野家，这也是品牌营销最理想的形态。无论后起的品牌推出多么新颖的点子，都很难攻破它早已建立起来的堡垒。

先见之明和创意，这两点支撑着吉野家的品牌。

任何喜爱牛肉盖饭的粉丝都知道，吉野家的价格比食其家和松屋高出大约10日元。

店铺走高端路线也不会倒闭，这就是品牌力的表现。不能说在牛肉盖饭连锁的领域中"便宜10日元"的路线已经不符合未来的发展趋势，但"贵10日元也能卖出去"的品牌力确实是获胜的关键。

# 第 2 章

# 赋予餐饮店以精神

> **虎屋：创造一个自由、全新的糕点世界**

"虎屋"是日本室町时代（1336—1573 年）后期在京都开设的老字号高档日式糕点店。这家店的"羊羹"也是伴手礼的代名词。

虎屋创立至今约有 500 年。客观来看，它似乎一直保持着业绩稳定增长。"有了'虎屋'这个品牌，这家店就不需要再接受新的挑战了。"我甚至萌生了这样的想法。

然而，虎屋的真实情况并非如此。相反，它一直重复着细微的变化。

如果仔细分析虎屋，就会发现它的菜单和味道都发生了一些改变，店铺的招牌羊羹也不例外。

尽管如此，它还是会让顾客觉得"味道从未改变""我正在吃奶奶曾经吃过的东西"。

我认为虎屋的"老字号实力"不是一朝一夕就能掌握的。有志开餐饮店的每个人都应该有自己想要实现的高目标。这或许就是老字号的实力。但是，对于那些即将创业的人来说，一上来就模仿一家有500年历史的企业是非常不切实际的。

如果你经营的餐饮店已经达到了一定的规模，那么接下来的目标就是虎屋。这家店无论是5年后、10年后还是100年后，都能让顾客满意而归。

我们为了实现目标应该怎么做呢？最经典的教案就是"虎屋咖啡馆"。虎屋经营咖啡馆的理念是"创造一个自由、全新的糕点世界"。咖啡馆的起点是虎屋的"馅料"，利用好评如潮的豆沙馅料，推出了"豆沙刨冰"和"豆沙包"等全新的甜品。

可以说，"虎屋咖啡馆"的开设体现出与时俱进、力求领先的企业精神。

## 以拉面店为例：
## 创建菜单时，专业精神尤为重要

现在，拉面可谓是"日本国民美食"，日本全国的拉面店超过3万家。

其实，拉面店的菜单设定有一条铁则：

"除了拉面，如果还要增加其他餐品，只能是炒饭，其他不予考虑。"

店名不能简单地叫作"××店"，因为顾客很难辨别这样的餐饮店提供什么样的餐品。而如果菜单上出现了"拉面""炒饭""牛肉盖饭"等，那么顾客将很难搞清楚这家店的主打餐品到底是什么。

因此，餐饮店的理想状态是"提到××（某一种美食），就要去××店"。

假设一位顾客在餐饮店拍摄了人气菜品的照片并上传到了 Ins 上。明明店铺的名字是"××拉面店"，但是大家看到的图片却是其他菜品，这一定会让人一头雾水，搞不清楚情况。如此一来，餐饮店将很难在网上推出话题标签，也很难成为话题。由此可见，在创建菜单时，专业精神尤为重要。

"诚屋拉面"是我的客户之一，它家的卖点是"牛骨拉面"，在日本的大阪、兵库、京都和神奈川县都有连锁店铺。

冈山地区有好几家店铺都供应牛骨拉面。在制作牛骨拉面的过程中，汤汁的熬制方法最难把控。诚屋解决了这个大难题，并且成功实现了在全日本开设连锁店。现在，它的地位已然确立，"提起牛骨拉面，就会想到诚屋"。

失败的餐饮店很容易相信"五花八门的菜单"的力量，误以为"五花八门的菜单可以满足不同顾客的饮食需求"。但是，成功的餐饮店都像真屋一样，有其他店铺无法实现的卖点。除此之外，它们还会准备一份副菜单。

顾客显然会选择后者。当他们察觉到这些餐饮店在料理上的专业性和独特性时，就会充满期待地排起长队。

## 珍来：用90年时间打造出当地味道

"珍来"是一家中餐厅，总部位于日本千叶县船桥市。它于1928年开店，至今已是一家拥有90年历史的老字号了。

它原本是以制作拉面面条起家的公司，现在也会把生面条批发给各个餐饮店。

目前，珍来有9家直营店，400多家制面的客户，现任社长是第三代传人。上一代社长十分豁达，大度地提出了这样的方案："如果你愿意吃我家的面，我可以借给你人手，让你也可以用我家的字号。同时，我还会传授你所有的窍门。"

自那时起，从个体店到当地开设多家店铺的经营者，打着"珍来"字号的店铺遍布了整个日本关东地区。

珍来的旺季是每年的盂兰盆节、正月和黄金周。离开老家生活的孩子们回老家探亲，父母会带着孩子一起光顾，因此很多常客都是全家一起来的。

珍来每三个月会推出一款新菜单。清水延年社长的挑战精神真是令人钦佩，他不仅推出了名人联名款菜单，还提出了很多全新的切入点。时至今日，"宇宙拉面"和北原照久监制的"昭和酱油拉面"联名款菜品依然备受关注。

珍来直营店最集中的地方是日本千叶县西北部的松户市柏地区。这里也是J联赛柏太阳神队的主场。

柏太阳神队曾在2010年跌至J2级别[①]。正是这时，珍来成了俱乐部的赞助商。

与此同时，珍来还在柏太阳神队的主场体育场"三

---

① J2是日职联赛的中级别，由22支球队组成，每年进行春季赛和秋季赛。它是J1的附属联赛，俱乐部可以在这里积攒经验和实力，以期晋级到J1。（译者注）

协柏体育场（旧日立柏足球场）"旁边开设了直营店，推出了自创联名款餐品"柏太阳神队咖喱拉面"盖浇饭。此后，"柏太阳神助威拉面"的餐品不断变化，每季都会推出新品。

毋庸置疑，珍来是一家和当地共同成长的店铺，这让它备受人们的喜爱。

> **关注独居者需求，**
> **设立单人席位**

日本的"独身社会"已经成为一个严重的社会问题。

据日本国立社会保障人口问题研究所推算，日本2025年的独身家庭（独居人口）将比2015年增加8.4%，达到1996万户；独居人口占总人口的人数比为16%。这意味着，"每6个人之中就有一人独居"。

现在，日本国内的便利店总数超过56000家。毫无疑问，便利店的兴起很大程度上受到了独身社会的影响，便利店的熟食、速食、方便食品都是为独居生活的人士准备的。

对于独居生活的人而言，无趣和平淡是不可避免的。

我的一位熟人育儿妈妈曾经说过这么一番话："说白了，做饭是为了别人而做。如果只是为了我自己，根本不会这么费事。"

或许真的是这样。

随着独身社会的不断发展，餐饮行业开始关注"独自就餐"的商业模式。

"一人涮涮锅""一人烤肉""一人卡拉OK""站着吃的寿司"，有些店铺位于住宅区的中间，而有些店铺距离车站很近。

朝日集团控股公司于2015年对日本全国2000名20岁以上的男性和女性进行的一项调查中显示：仍有近70%的人回答说他们"不擅长或不能单独外出就餐"。

男性单独外出就餐的餐饮店类型，按频率从高到低依次是：拉面馆、荞麦面和乌冬面店、牛肉盖浇饭店。女性单独外出就餐的餐厅类型，按频率从高到低依次是：快餐、连锁咖啡店、荞麦面和乌冬面店。两者的保守回答令人出乎意料。

最近，家庭餐厅连锁店"Gusto"设立单人席位区成为热门话题。餐饮企业需要努力开发新业态，才能进一步吸引独身阶层。

## 食其家：废除"一人当班"制度，恢复深夜营业

2014年，牛肉盖饭连锁店"食其家"因其恶劣的劳动环境而受到社会严厉的指责。

由一名员工负责深夜店铺营业的"一人当班"制度是当时的社会常态。因为背负"黑心企业"的骂名，难以留住员工，食其家的许多门店不得不暂停深夜营业。然而不久，大部分店铺又恢复了深夜营业。

劳动力严重短缺的问题得以解决，其中的秘诀是什么呢？

首先，食其家当机立断，坚决废除了夜间"一人当班"的制度。

其次，在此基础上，食其家进行了两项改革：第一项是召开员工会议，在企业内部建立了一个机制，听取来自一线人员对劳动环境的意见；第二项是严格管理劳动时间，努力脱离"黑心企业"的恶劣印象，这一点值得肯定。

根据我的经验，餐饮业绝对不是一份轻松的工作，经营好一家餐厅是很艰辛的。

另一方面，餐饮业也确实有其独特的价值。一边接过顾客递出的钱，一边听他们说"谢谢""很好吃"等感谢的话语，很少有行业能让人获得如此美妙的体验。

此后，食其家开始在大阪募集专门接待老年人的优秀人才。以"一人当班"事件为契机，现在的食其家似乎已经掌握了社会动向，做好了随时应对的准备。

# 根岸：以"根岸精神"留住90%以上的员工

"根岸"是第一家推出"牛舌、山药泥、大麦米饭"套餐的餐厅，并因此而得名。

根岸成立于1981年，第一家店铺开在东京新宿歌舞伎町。

当时，牛舌一般被认为是成年男性吃的下酒菜，公司创始人根岸英二则主张："我想让女性顾客也知道牛舌的美味。"由此，他想出了"根岸套餐"，即牛舌、山药泥、大麦米饭的组合搭配，开始在店里供应。如今，它已经变成一个标准搭配了。

在餐饮行业，根岸凭借较低的员工流动率而知名。

经营根岸的"根岸食品服务"在其网站上发布了"根岸精神"。在"根岸的夙愿（经营目的）"一栏中，开篇写的就是"工作伙伴的幸福（人员成长、百年企业）"。

根岸先生说，过去经营公司时，他只考虑"如何提高销售额和利润"。那个时候，根岸的公司风气是员工只在乎销售额和工资，为了成就自我，哪怕牺牲同事也在所不惜。

从结果来看，这样的公司风气成了在各种情况下滋生不正当行为的本质原因，它不会给员工带来真正的工作乐趣。

整顿公司风气后，"根岸精神"由此诞生。

根岸的人事制度十分独特：越是能培养出优秀的员工人才，越能获得高度评价。根岸先生在接受采访时说："员工辞职的理由，70%都是因为人际关系。"

如何培养人才应被纳入人事评估中。这样一来，领导自然会关心下属，热衷于对他们进行教育和培养，帮助他们成长。

通过变革，根岸的人际关系变得更加和谐，员工的流动性进一步降低，也从根本上解决了劳动力短缺的问题。

# 第 3 章

## 经常有顾客排队的餐饮店善用"透明资产"

> # "透明资产"的六大基本理念：
> # QSCA+V+M

"透明资产"是指看不见，但能通过人、商品、技术、服务让顾客身心愉悦的资产。

虽然看不见，但是因为心里感到很舒服，所以顾客仍会光顾某家店。例如，热情、活力、微笑、温柔、"我喜欢这份工作"的想法、原则、信念、贴心、个性等都是"透明资产"的一部分。

由此，我提出了构成"透明资产"的六大基本理念：

QSCA+V+M

以上六个英文字母的含义如下：

Q：Quality，商品质量；

S：Service，服务质量；

C：Cleanliness，清洁状况；

A：Atmosphere，气氛/氛围；

V：Value，价值；

M：Media，媒体。

"QSCA"是餐饮业和餐饮服务业的知名管理指南，类似进行开店选址时使用的地图和指导手册。

"QSCA"一词从 20 世纪 70 年代开始使用，也不算是什么新名词了。最近，出现了在"QSCA"的基础上加上表示店铺独特价值的"V"的理念，即"QSCA+V"。有的人还会加上"P（Price，价格）"，即"QSCA+P"。居酒屋烤鸡肉串店"Jumbo 烧鸟鸟贵族"的大仓忠义社长提出了"QSC+T（Time，时间）"，他非常注重商品提供的时间"T"。

我的独特性，是在"QSCA+V"的基础上加上了"M"，塑造了"透明资产"的基本理念。如上所述，"M"代表"媒体"。

无论我们如何改善"透明资产"，顾客不知道它的存在，它就毫无意义。所以，我们要充分运用大众媒体、社交媒体和自有媒体这些获取信息的工具。

接下来，我们根据六大基本理念，仔细了解一下什么是"透明资产"。

## 商品质量（Q）：抓住顾客心理，让顾客跃跃欲试的菜单或商品

第一个基本理念是"商品质量"。

餐饮店的起点是成为卖点的菜单和商品。

菜单和商品是看得见的东西，是顾客可以在店铺里直观看见、品尝的东西。

"难道这不就是'透明资产'吗？"

大家有这样的疑问很正常，但完成一个菜单不能仅仅依靠肉眼可见的内容。

比如，我在第1章中介绍的"Kawa屋"之所以能够创造出终极味道的烤鸡皮串，获得众多顾客的喜爱，首先是因为前任社长的"执着追求"。

当你考虑"透明资产"的质量时，仅凭味道好、能赚钱是远远不够的。为什么要开发和推广这款商品呢？这一点必须明确。此外，"美观"和"摆盘"也能让商品更具吸引力，且这两样都不花钱。

同时，"花费时间和精力"也很重要。

在酒馆性质的店铺中，那些生意兴隆的店铺的店员一大早就会准备好每一道菜品，无一例外。我在第4章介绍的"花华（hanahana）"站立酒吧就是我曾经的修行之地。

日本大阪市区北（天满）的"大众酒馆天语"生意兴隆，店主冈部幸雄向我讲述了这样一个道理：

"哪怕是同一道菜,速食或现成、花费工夫和心思制作与否都会导致顾客的反应截然不同。只有'后者'才有这个能力,让顾客不由自主地从嘴里说出'真好吃'三个字。"

最近的流行趋势是商品的最后一道工序在餐桌上呈现。这也与金钱无关,只是需要稍微花费一些时间和精力。顾客会满意地说:"啊,刚做出来的,很好吃。"

看不见的要素往往会衬托出菜单或商品的用心。商品质量是一个非常优秀的"透明资产"。

## 服务质量（S）：50%的店铺销售额因店长和职工而改变

第二个基本理念是"服务质量"。

在店铺这个舞台上,服务具体是通过以店长为首的员工们体现出来的。决定店铺实力的首要因素是店长的管理能力,这一点很重要。

接下来，我介绍一个在餐饮业中广为人知的"法则"，由此证明店长存在的重要性。

家庭餐厅连锁店 A 店和 B 店都在日本东京近郊营业。A 店的销售额非常高，而 B 店却经营不善，陷入苦战。

连锁总部强制更换店长，高管们描绘了这样一幅场景："A 店的业绩很好，所以即便让 B 店那位苦苦挣扎的店长接手，只要他按部就班地管理，A 店依然会进展顺利。B 店的销售额虽然低迷，但是如果来一位能力强的店长，就一定能提高销售额。"

揭晓答案之时，B 店的业绩果然蒸蒸日上。然而，A 店的业绩却一落千丈。

店长的能力差距决定了两家店铺截然不同的命运。餐饮店要想发展壮大，就必须让店长发挥出他的作用，这对于连锁店铺尤为重要。

店长的实力是看不见的因素，因此它也被称为"透明资产"。

店长换了，店铺就会随之变化。在餐饮行业中，这种倾向尤为明显。值得注意的是，在店长的管理工具中，有一个叫"表扬教育"管理。店长和店员的沟通方式会影响销售额，这也符合"透明资产"的定义。

## 清洁状况（C）：拉面店有点脏污也能被容忍，但是卫生间不行

第三个基本理念是"清洁状况"。

"清洁状况"是指保持店铺的整洁程度，它不同于单纯打扫卫生的"清洁"含义。

快餐连锁店"麦当劳"的一位店铺督导给我讲述过一个案例。

据说他在巡店时，注意到了店铺"自动门的轨道凹槽"。如果这里积满了垃圾和泥土，就是员工的工作失职。当场，他还教育了店员"要擦干净"。

此外，麦当劳还有其他的清扫检查点，如客人用餐的餐桌嘎吱嘎吱作响、厕所的臭气熏天、换气扇表面的污垢、破碎的灯泡、空调出风口的灰尘、厨房排气罩的

不锈钢的脏污、周围盆栽里的杂草等。

他为什么对清洁如此执着？因为清洁度的高低直接暗示了店长的能力。

如前文所述，店长的能力很重要。换而言之，清洁不够彻底的店铺，生意不会兴隆。

烹饪是一门手艺，从食材挑选、调味到最后的装盘都需要个人的品位和修炼。待客的对象是"人"，与个性和价值观不同的顾客打交道要求店员更加敏感和细致。而与这些技能相比，清洁就简单多了。只要清理掉不干净的地方，维持干净的状态即可。

但是，绝不要低估简单的工作，因为清洁程度直接关系到店铺的氛围，一点儿也马虎不得。

## 气氛/氛围（A）：顾客是否进店，90%取决于店铺门面的布置

第四个基本理念是"气氛/氛围"。

有些店铺，当你第一次走进去时总会感觉"门槛很

低";但有些店铺,无论你去过多少次,还是会感觉"门槛很高"。

氛围对一家店铺的评价产生的影响超乎想象。

但是,如果店铺的门面改造成大众可接受的程度需要花费大量金钱,那就不能称作"透明资产"了。

我再讲讲店铺招牌。在餐饮业中有个惯例,"必须让顾客看一眼招牌便知道这家店是吃什么的"。

例如,日本拉面连锁店"日高屋"已成为当今日本餐饮界的主流。在日本,几乎无人不知日高屋是家吃什么的店铺。

尽管如此,日高屋依然会用特殊的字体在招牌上写明"热烈中华食堂日高屋"几个大字。路过它家的招牌时,男女老少纷纷成了日高屋的食客。

日本拉面连锁店"幸乐苑"也是如此,努力让顾客看一眼招牌就明白这是一家怎样的店铺。过去在路旁的招牌上写着大大的"幸乐苑",如今又加上了"拉面"

和"中华荞麦面"的字样。

另一方面,也有一些店铺与这一理论背道而驰。我之前提到过的一位客户——"诚屋拉面",就是其中之一。

诚屋的主打菜品是牛骨拉面,常规操作应该在店铺的招牌上写明"诚屋牛骨拉面"。

然而,笠井政志社长经过一番深思熟虑,最终决定为店铺起名"诚屋拉面",之后也一直坚持不改。他们不大肆宣扬牛骨拉面,为店铺取名"诚屋拉面",并为运营公司取名"诚屋服务",这里包含了他们"实实在在做产品、诚恳对待客户的态度与服务""诚信的公司管理制度"以及"坦坦荡荡"的经营理念。

在诚屋公司内部,这一理念已经渗透到每一位职工的脑海中。这一点是营造店铺氛围的关键点,效果要远远优于招牌。

## 价值（V）：哪怕仅有一位艺人光顾过，也可以声称是"明星推荐店铺"

第五个基本理念是"价值"。

到目前为止，我已经解释了"QSCA"四个基本原则。我再重复一遍，"QSCA"本身并不是什么新概念。"透明资产"在原有的"QSCA"的基础上，还可以通过"V"和"M"发挥独创性。希望大家认识到"V"和"M"也同样重要。

对于一家餐饮店而言，"价值"是什么？绝对不是请明星光顾，然后打出"明星推荐"这一卖点。

虽然是老生常谈，但店铺一定要做到"独一无二"。餐饮业里有一句行话叫"TTP"，它是"彻底抄袭"的意思。

餐饮业本来就是易于模仿、也容易被模仿的行业，"TTP"也不是应该被指责的一种行为。也正因如此，独一无二才有价值。那么，其他店铺无法模仿的魅力具体是指什么呢？

是"人"。彻底修炼人自身的魅力，与其他店铺拉开差距，体现自己独特的价值。接待服务令人愉快的店铺自有它的价值。

会员制俱乐部餐厅"Esquire Club"是我的客户之一，它是一家为高管打造的社交场所，成立于1964年，营业至今已有半个多世纪。

这家店铺的特色是"兔女郎待客"。当然，这里没有任何不堪入目的景象。这项服务从营业开始就备受欢迎，还吸引了很多狂热的粉丝。

景致优美、空间宽敞，真是令人难以言表。它提供的料理，主要是正宗的日式和西洋菜品。

现在，它的人气还在不断上升中，会员的数量也在持续增加。注重人的魅力，同时维持餐厅的品质。现如今，它基本保持着原有的状态，但依然备受大家的欢迎。

## 媒体（M）：推广商品的法宝不是"话题"，而是"素材"

第六个基本理念是"媒体"。

充分利用社交媒体，吸引大众媒体前来采访。此时最重要的法宝是"素材"，而不是"话题"。

一般认为，媒体报道的素材是一次性消耗的话题，如果是只有那家店铺才有的"素材"，那么这便是它的"透明资产"之一。

店铺将这个"话题"转化为评价，再转化成"素材"提出来，这就是带有"透明资产"风格的媒体策略。

这里举一个素材案例。2017—2018年，有段时期某家拉面店提出了"定额式自助"：如果按月支付一定费用，每天都可以来店喝一杯。

当时，这项活动真是好评如潮。没过多久，"定额式自助"服务便正式更名为"会员模式"。

就这样，该店铺确立了一个新价值，甚至还出版了专业书籍，介绍大型企业也会导入的会员模式。可以说，这是它获得成功的原因之一。

在我的客户中，有很多店将"话题"升华为"素材"，比如"Moumou Cafe""Kawa屋""诚屋"等。

基于"QSCAV"五条理念打造"透明资产"，再在此基础上通过"M"发布信息，创造出让更多的人了解企业的机会。这便是推动餐饮店向前发展的路径之一。

> **在商品开发和促销活动策划中，**
> **要注意大众媒体关注的"八个特性"**

大众媒体的报道具有共同的特点。我在给餐饮店提供咨询的基础上总结出八个要点，在此进行说明。

大家在进行商品开发、策划促销活动、构思本公司媒体要发布的主题时可以参考我讲的内容，说不定能为打动客户选择本企业创造契机，也说不定不用花钱就能提高电视和杂志前来采访的概率。

## ①新颖性

什么可以称为"第一"或"唯一"呢？

你敢在全世界、本国或者行业内部自称是"首创"吗？

"新颖"的字面意思是以前从未有过的商品或促销活动。

在餐饮业，研发"业界首创"的商品、开发业务、策划促销方案一直都是困难重重的工作，而近年来出现的"烤肉寿司""一人烤肉店""包月服务""100日元炸鸡自助"等都能给我们带来重要的启发。摆脱固有观念，就能发现"首创"的突破口。

## ②优势性

拿你的店铺与竞争店铺的现有商品和促销活动进行比较，它们之间最明显的差异是什么呢？

有没有一个点让人惊呼："好厉害！"

这个"好厉害！"可不是自我满足，只有当顾客和竞争对手都这么说时才有意义。

现在，日本众所周知的"烤牛肉山盖饭"当初就让人感到"很赞！"，成了炙手可热的的话题和招引顾客的助燃剂。

获得"××竞赛"的金奖或大奖的评价也是一种优势。请你在调查竞争对手、把握本公司的优势的基础上思考开发差异化商品和促销活动的策略。

## ③意外性

当你告诉朋友或顾客某个商品正在促销的事情时，有没有收到过对方"真的吗?!""啊?""真不敢相信!"这一类的回应？

"实在是×××!""惊人！×××?!"餐饮店是否可以加上这样的广告语呢？

"牛肉盖浇饭连锁店销售肉包子""中华料理店销售炒面"等案例也表达出了一种意外性。这种策略能够发挥作用，是因为有牛肉盖浇饭和中华料理两大主力商品的支撑。

此外，转移视线的出乎意料的联合也是一个热门话题。

在日本，"山谷食堂"和"运动员食堂"备受瞩目。"不加配料的拉面"和"拉面自助"都是瞄准小众领域的典型案例。

如果只从自己公司的角度出发继续开发商品和筹划促销方案，我们将很难发现自己公司的与众不同之处。定期邀请顾客调研店铺，有时也会给店铺带来一些令人眼前一亮的启发。

## ④人性

你和与你关系密切的人之间发生过哪些小插曲和故事呢？

前文提到过的"珍来"，它的商品开发负责人为新菜单撰写的文案颇受好评。很多顾客乐此不疲，仔细研读出了隐藏在菜单背后的菜品研发故事和构思。

此外，在商品开发的故事中编排"自我失败""Ｖ字形起死回生"的段子，也能够引起顾客的关注。

我认识的某家店铺的厨房工作人员是一位拥有数千

名粉丝的 YouTuber[①]，他将这家店铺的介绍上传到 YouTube 上后，吸引了很多粉丝持续光顾。

你的店里是否有隐藏自己天赋或不同寻常的人物呢？请你仔细观察并尝试找到他们。

## ⑤社会性

是否紧跟世界的时尚和潮流？

和每天的新闻、时事话题是否吻合？

社会性用一句话概括，就是"赶潮流""上新闻"。

从零开始创造潮流需要花费大量的金钱和精力，这种做法并不可取。因此，我们要解读社会趋势和话题，并将顾客感兴趣的内容纳入商品开发和促销计划之中。

"平成最后的"和"令和第一的"是 2019 年的日本热门关键词。同时，"发酵"和"成熟"也依然备受关注。可以说，为支援遭受地震或自然灾害影响的地区而

---

[①] YouTuber，指在 YouTube 视频网站上制作和发布视频的个人或团队。（译者注）

组织的展览会或活动策划正是抓住了社会的需要。

## ⑥贡献性

你为解决社会和世界的哪些问题做出过贡献？

你开店有哪些意义呢？值得全力以赴吗？

贡献性对公司的企业理念会产生很大的影响。

例如，"低热量拉面"就是满足顾客"我想吃拉面但是不想影响我的健康"的需要。

我们再好好想想店铺的商品是不是可以转变成某种形式，比如："能不能成为改善顾客饮食生活的契机？""能不能帮助有困难或有烦恼的人？""能不能解决某些社会问题？"

## ⑦季节性

你的店铺有与季节和纪念日相关的促销活动吗？

从"当下感受"和"当季"的角度来看，你有什么新想法呢？

许多店铺会在母亲节、父亲节、情人节、万圣节和圣诞节等纪念日推出促销活动。

查看日本纪念日协会的网站，你会发现有很多特殊的纪念日。你可以尝试登录网站查询，看看是否可以用于店铺的商品开发和促销策划。

## ⑧地域性

你的店铺是否具备当地的地域特色？

无论是与生产者、政府的合作，还是与社区组织的合作，两种方式都很有效果。

在前文中我曾经提到过，"珍来"陆续推出"J联赛柏太阳神队"的应援企划方案和商品，还赢得了太阳神队粉丝的支持。

像"自产自销""自产他销"这样的关键词，相信大家已经再熟悉不过了。但是，"使用××地生产的食材""使用××农家××培育的食材"也是利用了地域特性。

## 员工是最强的"透明资产"

我一直在告诉大家,"透明资产"都是看不见的无形资产,它的目的是为店铺招揽顾客、提高营业额。

例如,店铺的员工和制服都是肉眼可见的,但是员工的热忱、劲头、微笑、善良、体贴和个性是看不见的。甚至,有时员工和顾客聊起自己的家乡和学校时气氛十分活跃,这也是"透明资产"的一部分。

公司应当拥有至少两名这样的员工,再加上"'透明资产'的团队力量"。

事先将顾客的"喜好"透露给店里的其他店员有益于店员做好"提前服务"。如此一来,顾客会被服务员的热情好客深深打动,对这家店铺产生特别的好感。

员工的个性也是一项巨大的"透明资产"。

日本美食网站"Tabelog"关西地区人气博主なずちえん（Naochien）说过："再好的餐厅，一旦'员工的服务态度'不好，店铺的评价就不会高。"

店里可以有会聊天的员工，也可以有待人友好的员工。至于银座俱乐部的老板娘，因为她敢训斥顾客老顾客才会经常光顾，所以这也是一种特殊的"透明资产"。

就像这样，即便从一名员工的角度来看，店里也隐藏着数不清的"透明资产"。而且，尽管它明显存在并影响着店铺的销售额，但绝大部分的经营者都没有意识到它的价值。

"透明资产"中有一个声音，我认为是最美妙的。

例如，店员看到顾客的啤酒所剩无几，就立刻上前搭话："要不要再来一杯冰镇啤酒？"店员是否说出这句话，会使店铺每天的销售额出现1万日元的差异。

当然，如果你能让顾客选择"要生啤，还是威士忌鸡尾酒"，销售额增长得会更多。

每月 1 万日元换算成月销售额是 30 万日元，换算成年销售额是 365 万日元，差异就是如此之大。

此外，如果有多名店员可以主动询问客人，则销售额的数量还会不断增加。

这就是"透明资产"的惊人之处，它是直接提高店铺销售额的最强方法。

> **杯子、卫生纸等接触肌肤的物品一定要选高档品**

现在,据说在日本餐饮业中,"一提起烤肉,就会想到'个人商店'的光山"。

这里的"光山"指的是株式会社个人商店的社长光山英明先生,他是大阪人。

他在东京掀起了"盐渍内脏"的热潮,后来又引发了"瘦肉热潮",现在也从事餐饮店的经营业务。

下面这句话是光山先生告诉我的。

"哪怕是店里的备用品,只要会接触到顾客的肌肤,就要选用高档品。因为使用的人可以靠肌肤来评判服务的优劣。"

例如，一只薄玻璃杯。每个人都有自己的喜好，有人会说"我喜欢又厚又重的啤酒杯"，但是我更喜欢用单薄的杯子喝饮料，感觉确实味道更佳。

卫生纸也是如此，要准备高档品。从感觉层面上来说，顾客会认为"这家店真好""很用心""很舒服"。

感觉是无法衡量的。但是，这一点依然非常重要。

在广播界有一个词叫"直播"，据说它的解释是"搭载电波"，但我更愿意擅自解释为"搭载空气"。

那么，如何营造氛围，搭载空气呢？饮食的世界中也有"直播"的要素。

例如，氛围是餐厅的一个重要因素。无论菜品多么美味，只要顾客认为"有些地方不对劲儿"或"没有留下什么印象"，他们就不会再光顾了。

顾客进店的那一瞬间，感受到的氛围是什么样的呢？这是对"透明资产"的一种考验。

> "今天弄哭了多少人？"
> 这是意大利餐厅 Casita 的暗语

"意大利餐厅 Casita""东京丽思卡尔顿酒店""加贺屋"——你可能不明白我为什么要列出这三家店。

实际上，它们都是具有超级"待客之道"的知名公司。

它们所做的并不是"花钱做美食"，而是在面对面的待客服务中，做出超出其他店铺水准的事情。

Casita 会给老顾客带来"惊喜"。这是一家位于东京都青山区的度假餐厅，如果你在结婚纪念日这天预订了该餐厅，餐巾纸上会绣上你的名字。留言卡上写着"欢迎回家"，香槟酒上的标签上显示着夫妻二人的名字，提示双方可以用它来庆祝。餐厅如此体贴入微，真是令人感动至极。

我再给你讲述一个丽思卡尔顿（酒店）热情好客的故事。

在丽思卡尔顿，如果发现顾客有困难，员工有权在未经经理许可的情况下，单次动用2000美元（上限）来帮助顾客解决问题。这个故事非常有名。

当顾客走过丽思卡尔顿加贺屋店的前台时，店员会若无其事地确认顾客的身高，以给每位顾客准备合身的浴衣。这可以称之为"提前服务"。

在宴会上，店员会把冷玻璃杯放在托盘上递给客人，这是为了不留下指印。

如今，在吃喝之前拍照、上传至Ins已变得司空见惯。拍照之前尽量避免在器皿上留下指印，顾客一定会很开心。

> # 巧用"透明资产",
> ## 深山里也能出人气餐饮店

通常,一家店铺是否生意兴隆90%取决于它的地段。

无论是餐饮店、便利店、时装店还是化妆品店,车站前的店铺和离车站稍远一些的店铺的客流量相差100倍,销售额相差10倍。

地段是决定销售额的关键性因素。但是,如果合理使用"透明资产",就能推翻这一绝对理论。

例如,一家荞麦面店,即使地处深山,喜欢吃荞麦面的人也会驱车10公里、20公里去用餐。

只有开在深山里的荞麦面店生意兴隆,拉面店和乌冬面店却很可能面临倒闭。这是为什么呢?

因为荞麦面是一种天然食品。

换而言之,由于店铺地处深山,"水源干净""空气清新"的形象随之而来。

令人不可思议的是,它甚至能给人留下一种"附近挨着荞麦田、山葵大棚"的印象。

此外,荞麦面店的门外通常有水车。

过去,水车是用来磨荞麦粉的。但如今,这是一种印象策略,能让人从日本的原始风景中联想到荞麦面的质朴和亲切。

仔细想想,在车站里的"立食荞麦面店①"吃到的荞麦面,和在深山里吃到的荞麦面,味道其实并没有多大区别。它们之间的差异是衬托美味的"隐形空间"和"氛围"。

特意驱车10公里、20公里到深山里去品尝,听着清脆的溪流声,边吃边欣赏绿枝与红叶。仅是这样,大脑

---

① 此处指"站着吃的荞麦面"。(译者注)

里就会产生"荞麦面很好吃"的想法,即使是再难吃的荞麦面也会觉得很美味。

荞麦面馆实施的正是"零成本策略"。

说起荞麦面,还有另外一种情况。

在日本东京都内一个叫"深大寺"的郊外小山上,有20多家荞麦面馆鳞次栉比。这里总是挤满了来寺庙参拜的一大家子人,其中包括很多老年人。

原本这附近就有荞麦面田,"深大寺荞麦面"更以加工荞麦而闻名。不过现在,这里已经没有荞麦面田了,几乎100%的荞麦面都是从北海道、青森、长野等地采购来的。

因此,在深大寺吃到的荞麦面和在普通百货商店里吃到的荞麦面,两者的味道并没有太大的区别。

灵活运用"透明资产"的企业不仅限于餐饮店,还有自助洗衣店和英语会话教室等。

据说出版过好几本介绍自助洗衣店投资书籍的三原淳说过："投币式自助洗衣店在后街更受欢迎。"

这是因为内衣和脏衣服都需要洗净和晾干，所以最好的选址位置是能尽量避开与他人碰面悄悄洗衣服的地方。

此外，因为没有人会特意长途跋涉来洗衣服，顾客都是当地人，所以哪怕在后街的后街，只要悄悄地，就不会出问题。

相反，这样生意会更好。

同理，比起开在写字楼里的1层，英语会话教室开在4层、5层等作为营业店铺价值不大的"空中楼层"里反而会更受欢迎。

大多数的日本人认为自己不会说英语很没面子。据说他们不想让别人看到自己努力练习蹩脚英语的样子，这种心理在不知不觉中发挥了作用。因此，英语会话教室的选址不应该选人员进出频繁的底层或繁华大街的写字楼。

# 第 4 章

## 餐饮店提升营业额的巧思

## 海女小屋：推荐高价餐品的方法

日本三重县伊势志摩地区是 2016 年八国集团首脑会议（G8 Summit）的举办地，它因此而享誉国际。风景秀丽自不必说，海产品味道鲜美也是它的一大亮点。

现在，在这个地区依旧还有海女①下海。有一种名叫"海女小屋"的服务，顾客可以一边和海女聊天，一边品尝美味的海鲜。

我想谈谈我和朋友的一段经历。那天的菜单中有活海螺、黄扇贝、大蛤、鲷鱼生鱼片、伊势海老龙虾汁和羊栖菜煮米饭。

---

① 在日本，海女指从事潜水捕捞作业的女性。（译者注）

海女带着我们来到了一个海边小屋。铁架上挂着帘子，我们坐在一个把啤酒瓶箱子翻过来的"椅子"上。

"海女小屋"的价值就在于海女在你眼前烹饪海鲜并端上桌让你享用："都是刚打捞上来的。很好吃哦！"

听着当地的语言，我感觉新鲜的鱼和贝壳肉更加美味了。

这时，有人向我推荐说"还有龙虾哦"，我忍不住点了一份。

结账的时候我才知道，包含伊势海老龙虾汁在内的午餐价格为每人1万日元。"海女小屋"的厉害之处，在于不会让人觉得"贵"。

我心满意足地付了钱，朋友也对我说"物超所值"。

如果一开始就说"包含龙虾汁要1万日元"，应该没人会点。正因为维持着较高的顾客满意度，"海女小屋"才得以延续下来。

> **为什么给 2 颗糖果，小费就会上涨 23%？**

英国行为科学家大卫·斯托梅茨（David Strohmetz）在餐厅里做了一个有趣的实验，调查小费金额与店员给顾客的糖果数量的关系。

起初，店员什么都不给。

第一次，店员会走到顾客桌前，递上 1 颗糖果。这时小费金额增加了 3.3%。

第二次，店员给了顾客 2 颗糖果。收到 2 颗糖果后，顾客给的小费金额比什么都不给的时候多了 14.1%。

第三次，店员依然给了顾客 2 颗糖果。这时，小费比什么都不给的时候多了 23%。

试想，同样是给 2 颗糖果，为什么第二次和第三次的结果不一样呢？

第二次，店员是一次性给了顾客 2 颗糖。

第三次，店员是先给 1 颗糖果，然后暂时离开。

之后，店员再假装突然想起来："啊，对了！"一边用手势比画，表达"一般只送 1 颗，这是额外送您的，因为您对我们而言非常重要"，一边再递给顾客 1 颗糖果。

即使是内容相同的服务，提供的方式不同，结果也会不同。

这样的实验大卫进行过很多次。

例如，乌冬面店问点乌冬面的顾客"加鸡蛋，还是不加鸡蛋？"或问"加一个，还是两个？"，销售额完全不一样。

让顾客思考并进行比较的时候，店家给出的选项不是"0 或 1"，而是"1 还是 2"，这样就能有效避免出现 0 的结果。

销售额可以通过展示和沟通来改变。对餐饮店而言，稍微花点心思就能提高销售额。

> **营业时间越短越好：**
> **顾客多到排队的时间，料理更美味**

餐饮店的经营态度、生意的模式在细微之处都有体现。例如，营业时间就是其中之一。

安倍夜郎的漫画《深夜食堂》讲述了往来于在东京新宿一角营业的"饭屋"里的男男女女的故事。

有着难言之隐的店主在末班车附近经营着一家店铺。当首班车驶出车站时，店铺门帘上的招牌便显露出来。

店铺的常客来自各行各业，除了商务人士和办公室白领之外，还有伪娘酒吧的老板、脱衣舞女郎、警察、餐饮人员等。在那个时间段里，也不知道从哪儿聚集来这些想吃饭的人。

对营业时间执着的店铺不仅限于虚构世界。例如，"矶丸水产"以"午餐菜单（海鲜盖饭）""车站前的地理位置""烧烤风格"等要素大受欢迎，"24 小时营业"也是其独特的标志之一。

其他居酒屋都十分避讳深夜和清晨营业，但是车站前的矶丸水产就不一样了。和深夜食堂一样，下了夜班或等首班车的人都会进来光顾。

店内的清扫、食材的准备、鱼和贝类的配送等都是在深夜到清晨，顾客较少的时段内进行的。靠喝酒获取利润的居酒屋因为在午餐上下功夫，赢得了顾客的好评。通过一系列努力，矶丸水产得以保证 24 小时的顺利运转。

居酒屋中也有一些店铺故意早早打烊。它们不在空闲的时段开门，而在较晚的时间营业，收益反而更高。因为在顾客光顾店铺的这段时间里大肆销售，更容易营造出"流行店铺"的氛围。

如今，说"对不起，汤卖光了"的拉面店并不少见。

店铺坚持这种方法要比拖拖拉拉的经营方式效益更好。只有在顾客最多的时段排队,料理才会看起来更美味。可以说,效益好的店多半是抓住了顾客的这种心理。

## 与卡通形象联名，打造儿童午餐盘

面包超人是柳濑嵩原创的动画《面包超人》中的主角。自 1988 年开播以来，一直受到孩子们的极大喜爱。

在餐饮行业中，很多企业都采取了"与孩子们喜爱的电视节目合作"的战略，比如面包超人。

家庭餐厅就是一个典型的案例。"Gusto"和"Bamiyan"选用了面包超人，"COCO'S"选择了哆啦 A 梦。

它们试图利用带有卡通形象的儿童菜单、饮料吧、扭蛋玩具、礼物等讨得孩子们的欢心。

"萨莉亚""乐雅乐家庭餐厅""惊驴餐厅"等虽然没有使用卡通形象，但同样热衷于提供丰富的儿童服务。

这些餐厅这样做的理由很明确。

家庭餐厅的主要目标群体是家庭成员，全家要去的实际上是孩子想去的餐厅。

如果餐厅用儿童服务来吸引顾客进店，孩子的爸爸妈妈就会乐意点单。

重视接待孩子们是拉拢家庭成员的手段。但是，关注儿童顾客的不仅仅是家庭餐厅。回转寿司连锁店"藏寿司"推出的"惊喜转转球"服务也很受欢迎。

吃5盘寿司就能挑战1次中奖游戏。就在你"快要吃饱了"的时候，为了挑战"惊喜转转球"，结果"又吃了一盘"。

在提高客单价的同时，餐厅也向孩子们出售了"体验"。与其说孩子们去吃寿司，不如说是去寿司店里玩游戏。

## 提供看得见又看不见的服务

有一家公司专门生产并销售居酒屋专用的"防碎器皿",它就是在大阪已经持续经营了 30 多年的"Field 土香"。社长是安见一念,他是我认识的一位陶器店的老板。

居酒屋的烦恼之一就是"餐具碎了"。

如果餐具一天摔碎一两个,那么一年合计下来,就会造成相当大的损失。于是,这家陶器店开始创造并出售"防碎器皿",如今订单纷至沓来。

虽然原料的成分配比是商业机密,但我确定它"比普通器皿结实数倍"。

虽然器皿的形态能够被看见,但"防碎"是这家陶器店的"透明资产"。

此外,这家陶器店还能用"防碎器皿"制作原创陶器。例如,他们研发出一种器具,可以将烤鸡肉串放在器具上,然后沿着容器边缘的凹槽拉动烤肉串,肉就能干净利索地取出来。

即使是同样的器具,新闻价值也会因为一个有趣的创意而大幅提升。

顺便说一下,这个"防碎器皿"曾在日本电视直播节目中报道过。彩排时试了好几次都不会碎,但在正式播出时却因为器皿落下的位置不好,一下子就摔碎了。

同样,也有其他很多不容易摔坏的商品。

例如,一家生产塑料筷子公司的社长就曾在电视上抱怨说:"因为做得太结实了,接不到新订单,真让人头疼。"

此外,听说铁路模型玩具"普乐路路"的轨道也相当坚固,两代人玩也不会坏,因此迟迟无人追加订单。

相反,女式连裤袜厂商为了让顾客下次继续购买此商品，似乎会故意减弱连裤袜腿部压力的强度。

从技术上讲，这确实能够生产出"穿不破的长筒袜"，但这样一来销售额会骤减，所以厂家会特意生产出穿到一定程度后就会破洞的长筒袜。

在社交网络时代，"防碎器皿"这种与众不同的商品更是会立刻成为新闻的热门话题，吸引很多人的关注。

例如，我有一个朋友用"可食用的咖啡杯"供应浓缩咖啡。

模仿 ESPRESSO（蒸馏咖啡）命名的"ECOPRESSO"咖啡，咖啡杯是用曲奇做成的，你可以一边喝咖啡，一边吃咖啡杯。

喝完之后吃杯子？仔细一看，因为咖啡杯涂了砂糖，所以浓缩咖啡的味道发生了变化，非常好喝。

ECOPRESSO 看起来很有趣，拍下来也很有趣，很容易成为话题。更何况，亲身体验的故事已经够搞笑了。可以说，这是当今年轻人"话题扩散新产品"的经典案例。

## 让顾客说"谢谢"，
## 复购率会提高5倍

餐饮业属于服务行业之一，向顾客说"谢谢"可以说是非常理所当然的。

但是，换个角度还可以这样说。

卖家说"谢谢"的时候生意不会好，关键在于是否能让顾客说出"谢谢你让我购买到这么好的产品"。

如果店铺和商品能得到顾客的谢意，就有机会摆脱与其他店铺进行毫无意义的打折竞赛。

那么，怎样才能让顾客说"谢谢"呢？首先，包括店长在内的所有员工都要为顾客着想，尽心尽力。在此基础上，还要对顾客多照顾、多关心。按我的说法，这就是店铺的"透明资产"。

餐饮业的工作并不轻松。但这也是一项有价值的工作，能够给顾客带去快乐。我希望大家能在把握好餐饮企业这一价值的基础上去提供日常服务。

经常被顾客说"谢谢"的员工有一个共同的倾向：经常会有其他员工也对他们说"谢谢"。这不是巧合。

人与人之间的联系，无论是顾客还是工作人员，都没有太大的区别。容易被他人说"谢谢"的员工，恐怕都有很大的人格魅力吧。

重复让顾客感谢的工作，就等于培养了回头客。

综上，店铺不仅要创造一个能瞬间提升销售额的机制，也要积累这些看似朴素、踏实的工作经验。

## 大阪站立式酒吧：大声喊顾客名字，对他们说"欢迎回来"

在繁华的餐饮店里混杂着各种声音。

"欢迎光临！"

"欢迎再次光临！"

"非常感谢。"

工作人员充满活力的问候总是让人心情愉快。

有些店铺会在这些寒暄语上下功夫。

也有店铺会对来店的顾客说："欢迎回来。"

"花华（Hana Hana）"站立式酒吧位于大阪堺筋本

町站的船场中心大楼地下 2 层，我在创业前曾在那里打工修行。这家店会亲自送走每一位顾客，并对他们说："请慢走。"

"欢迎回来""路上小心"原本是酒店行业常说的寒暄语。

Hotel（酒店）的词源是 Hospitality，意思是"彬彬有礼，热情好客"。Hospital（医院）的词源也是一样的。

我经营的咨询公司"Hospitason"是由"hospitaly"和"person"组合而成的新词。"我想帮助'好客意识'强的人开店！"这就是我创业的初衷。

L'assiette Blanche 是日本国内首屈一指的法国餐厅。自 2000 年在东京白金高轮创业以来，深受大众喜爱。

这家餐厅也会说"欢迎回来，我们一直在等你"来迎接顾客。餐厅的名字是法语，意思是"白色的盘子"。这句话中包含了老板主厨的愿望——"希望所有的盘子变成雪白后再回来"。

店内的设计风格也统一为白色，这同样能让人感受到店铺的热情好客。

## 京都的终极服务："谢绝生客"

这个故事的主角是京都老字号点心店。

在某一天的上午，一位游客气喘吁吁地跑进店里并对店员说："这款商品，请给我拿三个。"

在精致打磨的玻璃柜内，还剩下三个网红人气商品。

它太抢手了，但是现在就要买到了！游客的脸上浮现出一副如释重负的表情。

然而，店员却对他说："对不起，已经卖光了。"

这就是传闻中的京都人特有的"怪癖"吗？实际上并不是这样的。

店员这么说，是因为店家更在意当地的熟客，而不是初见的游客。

熟客也许下午会来店里购买。因此，即使商品还在，也要对外说"售罄"。

即使没有这么极端，"拒绝生客"和"以老客户为主"的态度在京都也很普遍。

出町柳"出町双叶"的知名豆饼在工作日也很受欢迎，因为销售的数量有限，售完即止。尽管如此，店铺老板依然没有开分店或扩大工厂的打算。

代表京都中华料理的"新大宫中华酒井本店"的招牌冷面，以及河原町三条的咖啡店"六曜社"的甜甜圈都是备受瞩目的人气商品。

我感受到了千年古都的智慧，那就是"不要只想着卖给眼前的顾客"。

唯有目光长远，用心经营受顾客喜爱的店铺，店铺经营才能长盛不衰。

# 第 5 章

# 成为顾客首选

## 打造店铺品牌就是编故事

"这家店是……""这个产品是……"成为大家纷纷讨论的话题。

可以说这是最佳的餐饮行业状态,因为这些话题不外乎是顾客对品牌的认可。

简单地解释"这个包子很好吃哟",肯定不如进一步解释说"这曾经是献给天皇陛下的珍品"。后者能让顾客立即识别商品的特别之处,也会更容易选择购买它。

送礼物或者收到礼物时,可以说"这是××店的××商品"。现在,如果你有利用社交网络的意识,可以说"×× 样的馒头"更容易获得好评。

简而言之,就是编故事。

为了将店铺和商品打磨成品牌，故事是不可或缺的。在麒麟啤酒公司工作期间，我主动投资学习了"NLP[①]心理学"，以提高销售技能。

在 NLP 心理学中，有一个概念叫作"英雄之旅"。神话学家约瑟夫·坎贝尔（Joseph Campbell）从世界各地的神话中提炼出了英雄神话的普遍模式。

"英雄之旅"有八个步骤：①Calling，天命降临；②Commitment，旅程开始；③Threshold，边界线（发生意外事件）；④Guardians，与导师相遇；⑤Demon，恶魔出现；⑥Transformation，自我改变；⑦Complete the task，任务完成；⑧Returnhome，归来。

NPL 心理学认为，"许多神话都遵循这样的流程模式，而且这不仅仅是神话，我们的生活也常常遵循这种模式"。

在商业世界中，市场营销和广告文案的写作基础大

---

[①] NLP，Neuro Linguistic Programing 的缩写，意思是"身心语言程序学"。(译者注)

量借鉴了"英雄之旅"。

好莱坞电影的故事线同样遵循了这种模式。观众在看电影的时候，会下意识地对比自己的经历，产生共鸣，深受感动。我在协助客户构思他们的店铺故事时也会经常参考"英雄之旅"的模式。

## 成为顾客脑海中的"三选一"

心理学家尼尔森·科恩（Nelson Cowan）说过，人类的短期记忆是有极限的，只能记住3~5个物体。

如果你"今天想吃拉面"，脑海中就会浮现3~5家拉面店。当然，你家周围肯定有几十家拉面店，但你脑海中最初只会浮现出3~5家店，所以第6家、第7家店等同于从未存在过的店铺。

日常生活中，我们总是在不断重复着"三选一"的抉择。

在选择店铺的时候，脑海中会浮现出几家候选店铺，我称之为"大脑SEO"。SEO是"Search Engine Optimization"的缩写，意思是"搜索引擎优化"。

比萨店注意到了这种心理操纵技巧，并成功地运用到了商业活动中。

看着信箱里反复投放的"今天要不要吃比萨?"的广告传单，我们下意识地把比萨放在了大脑选项中的第一位。

顺便说一下，短期记忆只能记住 3~5 个物体，这和我们用搜索引擎在网上搜索内容时是一样的。你最多只会浏览网页上显示的前 5 个链接。在信息检索中，几乎没有人会"浏览到第 50 条"。因此，店铺在日常生活的各个方面都需要花心思确保自己排位靠前。

## 为什么游客去冲绳只喝 Orion 啤酒？

"Orion 啤酒"是一家位于冲绳的啤酒制造商。

虽然是地方特产，但是它的知名度享誉全日本，市场占有率更是挤进了日本国内的第 5 位。去过冲绳当地旅游的人都说，不知道为什么，一到冲绳就会喝 Orion 啤酒。

冲绳并不是没有其他品牌的啤酒。当然，冲绳的餐饮店也销售麒麟、朝日、三得利等诸多品牌的啤酒。

它畅销的理由只有一个：很多游客的印象就是"提起冲绳就想到 Orion"。这也是我喝 Orion 啤酒的理由。

游客想要尽情享受"当地"的乐趣，想吃冲绳县产的美食，想买当地的特产带回家，而不是想到冲绳购买国外的高端产品。

还有这样一个传言：位于山区的法国餐厅很难成功。

特意去山里游玩的游客们吃野菜和荞麦面都能乐在其中。但是，城里随处可见的法国菜又该如何呢？考虑到地域特色，可以策划一个让顾客认为"到这里才能吃到的美食菜单"。

"我也不太清楚，就点当地的食物吧。"

店铺需要制定一个类似的战略来激发顾客的好奇心。

## "新鲜出炉""现做""产地直送"易出人气商品①

在餐饮界中,"新鲜出炉""现做""产地直送"三者的吸引力差距不大。

换句话说,就是将食物摄入体内或者外出就餐时,"放心"和"安全"是十分重要的关键词。

为了满足顾客的心理预期,很多餐饮店会采用"开放式厨房"。

开放式厨房不但展示了食物制作的全过程,证实了现做现卖,更确保了饮食的健康和安全。

产地直送现在也变得理所应当了。

日本神户有一家名为"World One"的公司，它在农业和水产业领域提倡"第六次产业化"。第六次产业化不仅包括生产（第一产业），还包括加工（第二产业）和销售（第三产业）。

World One 是一家公认的创造出"真正的第六次产业化"的企业。最初，World One 专注于冲绳料理，希望将当地美食（乡土料理）带到城市中去。

例如，近些年来，与高知县土佐清水市合作的"土佐清水世界"成为热门话题。

说到土佐清水的特产，"清水鲭鱼"大家耳熟能详。正如日本谚语所说"鲭鱼活着就开始腐败"，它是一种极易腐烂的鱼。

土佐清水市准备了活鱼车，将鲭鱼等各种活鲜的鱼运送到神户的 World One，每周跑两班。

餐饮企业经常要准备车辆。但是，我从来没有听说过政府部门会为了一家私人企业这么做。由此可见，World One 与土佐清水市政府的紧密合作非同一般。

政府支持的背后，其实是 World One 社长河野圭一的坚定信念。在"土佐清水世界"项目开启之前，河野曾连续 4 年往返于当地。

土佐清水市是"从东京出发路途时间花费较长的市町村"之一。即便是距离相对遥远的鹿儿岛县和青森县，只要位于县城内，飞机和火车都能轻松抵达。

土佐清水市既没有铁路，也没有车站。如果从东京出发，需要 8 小时才能到达。从兵库县出发，大约也需要 8 小时。

坚持走了这么多的路，对方一定感受到了他的诚意。

在以往的"第六次产业化"中，餐饮企业往往倾向于购买农场和船只，并通过内部生产来降低成本。World One 则完全不同，它考虑的是利用生产者。

河野社长说："你们用心培育、捕获的食材，通过我家的店铺平台，会让更多的人品尝到它。我们会让食材变为美食，提供给顾客。"

生产者和政府都支持 World One，或许是因为它明确拿出了这样的态度。

最终，World One 与土佐清水市签订了合作协议，获得了政府层面的"全面支持"。

青森县看到整个过程后也采取了行动。青森县知事三村申吾访问神户并请求道："我希望你在青森县可以复刻同样的模式。"

"青森佞武多世界"居酒屋从这里开始，在神户和东京一共开设了3家店铺。店铺里装饰着很多在青森佞武多节①上使用的花灯。这些装饰物全是从当地送来的，真品和仿制品带给人们的震撼力完全不同。

这家店铺的卖点不仅是佞武多花灯的陈列，还有青森生产的扇贝可以"当日送达"。青森县和雅玛多物流、全日空联手打造"A! Premium"的流通体系使这一目标得以实现。"店内食材新鲜"的印象逐渐深入人心。

同时，在其他地区也出现了模仿土佐清水和青森的

---

① 佞武多节，日文写作"あぶ太祭"，是日本青森县的民俗之一，驱赶睡魔的狂欢节，从每年的8月1日晚上开始一直到8月7日结束。(译者注)

做法。例如，日本山阴地区和熊本县也在持续同样的活动。

各地的地方政府和生产者一起与 World One 携手合作，打造出一个个向消费者传递当地魅力的店铺，这已经变成了一股潮流。

综上，World One 是一家备受瞩目的餐饮企业，因为它的潜力不仅限于单纯的生产直销。

> "新鲜出炉""现做""产地直送"
> 易出人气商品②

我再介绍另一家产地直送的公司——在京都经营的"食一"。它是田中淳士社长在同志社大学读书时创立的学生风险投资公司。

"食一",简而言之,就是批发鱼。具体来说,这家公司就是从产地的渔业相关人员那里把所有的鱼直接送到销售方(餐饮店)。

它在餐饮店和产地之间扮演着重要的角色,因为他们"想做产地直送却做不到"。

事实上,直接从市场引进鲜鱼的商业模式本身并不罕见。但可以肯定的是,与同行业其他公司相比,食一绝对是货真价实。

他们走遍日本全国数百个渔港,亲眼确认每条鱼的新鲜度。食一与值得信赖的日本国内100强的渔业协同组织(简称"渔协")进行合作,而且是和每一个合作伙伴面对面地共同工作。

由于大多数渔港位于偏远城镇,很多同行都不去现场,通常打一通电话就谈完了。相比之下,特意亲自去现场的食一自然就赢得了渔协更多的信赖。

他们把从渔协采购的鲜鱼和水产推荐给各个餐饮店。对渔协而言,食一意味着安全感,因为"如果是食一,他们一定会把我们的鱼顺利送达""他们一定会向我们推荐值得信赖的餐饮店"。

彼此面对面工作具有信赖优势。"我会把新鲜的货品批发给食一",一切都顺理成章。

食一的优势不仅如此。

生鲜产品企业的生命线是物流。为了保鲜,一般都是冷藏或冷冻之后再配送。但是，如果用 Cool 宅急便①的冷藏或冷冻运输，成本就会提高。

田中社长亲自进行了试验。同时，从使用指定保鲜剂到水产的摆放方法，渔协还会进行各种指导。经过反复试验，田中社长想出了一个方法，使生鲜产品"即使在常温配送的情况下，也不会破坏新鲜度"。

食一成功降低了物流成本，也为诸多餐饮店创造了效益。

此外，食一还主动帮助餐饮店解决面临的问题，接受餐饮店提出的各种需求，比如"希望研发新菜单""想举办区别于其他商店的深海鱼展"。

值得一提的是，食一在日本全国范围内建立了详细的网络，观察从渔港运来的产品动向，同时提出了适合居酒屋 A 和餐厅 B 的商品企划。

结合企划方案，食一还会明确能够从产地采购哪些

---

① Cool 宅急便：日本专送冷冻食品的快递，比一般的快递成本高。（译者注）

产品、备齐的程度如何。这就是食一的厉害之处。

隐藏在 World One 和食一背后的崇高愿望和坚定信念是"将生产者的想法传递给消费者",它们真正贯彻了"透明资产"的经营理念。

## 赤福、石屋制果：
## 从丑闻中挽回品牌形象

对于销售食品的商店而言，顾客的信任和信赖是无可替代的。一旦失去，便覆水难收。

长年累月建立起来的信赖可能会因一桩丑闻而变得脆弱和崩塌。我们来复盘两家曾经名誉扫地却奇迹般卷土重来的公司，看它们是如何力挽狂澜的。

先说"赤福"。

它在日本三重县伊势市销售日式糕点，享誉全国。2007年，它被曝出"将冷冻储存的产品生产日期按解冻日期发货，重复销售剩货"的丑闻。

丑闻曝光后，赤福的应对不及时，舆论愈演愈烈。

但是，由于彻底的制度改革和防止再次发生的对策，三年后，赤福全面恢复了名誉。恢复后，有顾客评价说赤福的糕点"更美味了"。曾经重复销售剩货、深陷丑闻的赤福从自我反省开始，转变成了真正的"现做现卖"。

说句题外话，有厂商模仿赤福做出假冒赤福之名的同类产品。赤福丑闻曝光后，这种同类产品销量大增。然而，它并没有持续多久，因为后来曝光出它存在与赤福完全相同的欺诈行为。这个故事如此讽刺。

与赤福同在 2007 年因篡改保质期丑闻而跌入谷底的还有制造销售北海道特产"白色恋人"的"石屋制果"。

据说在恢复销售的当天，最先购买"白色恋人"的是北海道当地的顾客。回想起当年都是外地游客购买它作为伴手礼，这样的情景真是令人感叹。

"热爱北海道，想传递它的魅力"，这样的愿望一定深入人心了吧。毕竟，从丑闻的后遗症中重新站起来并非易事。2007 年，北海道的肉类加工公司"Meat Hope"因牛肉肉末造假事件闹得沸沸扬扬，大阪的高级料理店"船场吉兆"就此消失不见了。

## 京都北白川拉面魁力屋：以地名命名提高揽客能力

店名对店铺很重要。例如，拉面店常会用地名来做店名，这就是借由地区名称来创建品牌。

日本比较知名的店铺有"博多一风堂"和"道顿堀神座"。有趣的是，两家店铺的第一家店都和地名不一致：博多一风堂创办于1985年的福冈市中央区，这里并不是"博多"；神座原本是一家在奈良县创办的店铺，在大阪道顿堀开设分店时，以"道顿堀神座"为店名一举成名。

我的客户中有一家名为"京都北白川拉面魁力屋"的店，其特色是精心挑选的特制酱油和小麦粉。拉面经过多次改良，发展成颇受好评的连锁店。

魁力屋现在拥有近 100 家店铺。但是，一开始的三家店都是"普通的拉面店"。

开第四家分店时，魁力屋的店长在店名中加入了地名，更名为"京都北白川拉面魁力屋"。它从这里开始彻底蜕变，但店铺的本质并没有改变。

"白川"是一条流经京都的河流。据说因为河流像是被白色的石英砂铺满一样，所以由此得名。

白川流域的大部分属于京都市的东山区和左京区。流域的北侧是北白川。河两岸都是风景如画的城镇景观。特别推荐大家在樱花盛开的季节来散步。

可以说，魁力屋通过更换店名成功融入了北白川的品牌形象。

## 有"世界食品品质评鉴大会金奖"的认证就能卖得好

奥运会和诺贝尔奖是日本人最关注的两件事。

哪怕是我平时不感兴趣的比赛、理论深奥难懂的研究，只要有日本人摘得奥运会或诺贝尔奖的桂冠，我就会欣然支持和称赞。

在餐饮界也有很多比赛和奖项，其中最著名的是"世界食品品质评鉴大会（Monde Selection）"。它是审查食品、饮料、化妆品等技术标准的民间组织及其认证（奖）的名称，采取的评选机制是：由专家和评论家来评判从出品方发送到总部（比利时）的商品。

获得认证的商品可以在包装上标明认证奖章的奖励

标志。有些店铺善于向消费者宣传自家的商品已经达到了一定的技术水准，从而大幅提高了商品的销售额。

2017年，超过半数的参展商品获得了金牌认证，且90%以上获得了铜牌以上的认证。日本东京电视台《世界商业卫星》栏目以质疑的口吻报道了这则新闻。

不过，最近几年，在日本国内博得人气的是"B-1美食大奖赛"。这项活动自2006年开始举办，目的是通过日本当地的美食来促进该地区的发展。

我在此列举一下获得大奖奖项的菜品：富士宫炒面（静冈县富士宫市）、厚木猪肉煎（神奈川县厚木市）、八户仙贝汤（青森县八户市）、十和田铁板牛五花（青森县十和田市）、胜浦担担面（千叶县胜浦市），等等。应该有很多是日本人耳熟能详的菜品。

毋庸置疑的是，只要赢得某种奖项或展示获得的奖项，就能改变顾客的看法。

## 没有招牌的店铺和拒绝接受采访的店铺靠自己赢得口碑

没有招牌的店铺,是不是光听着就动心了?从外观上看,它就像一间平淡无奇的公寓,让人完全不知道它是个什么样的店铺。然而,当我走进去时,才发现它原来是一家极其奢华的酒吧。

就餐饮店的"打破常规"而言,仅凭这一项就十分优秀了。

这类店铺大多都是会员制,只有缴纳会费的会员才能进店。带着熟人进店已经成为一种身份的象征。

拒绝接受采访的店铺也很神秘。

即使不借用任何大众媒体的力量，店铺依然有顾客光顾。如此一来，顾客自然会想："这家店铺一定很有自信。"

说到大阪的人气餐厅，京桥的烤肉店"京松兰"也有这样的特质。

这家店并不是没有招牌，它位于一栋多租户大楼的空中楼层[1]，电梯前放着一个非常不起眼的招牌。

当然，这里也拒绝媒体采访。

这家店的理念是让人们品尝到美味的"非名牌牛肉"。

店主福本大辅认为"花高价吃名牌牛肉，好吃无可厚非"，因此他走遍日本全国，寻找超出名牌牛品质的母牛。

京松兰提供的烤肉套餐是花费了时间和精力的。就料理的品质而言，这家店的性价比非常高，每天顾客爆满，预约十分困难。

---

[1] 空中楼层，指建筑物 2 层以上的楼层。(译者注)

无论是不挂招牌还是拒绝采访保持神秘感，单拎出来都没有任何意义。店铺要把它当作高级战略的一环来抓，付诸实施自然会有效果。

# 第 6 章

# 社交网络
# 比报纸广告更有效

## 不需要在美食网站支付大量广告费

餐饮店的经费中有一项叫作"促销费",每个月店方都会支付一定的金额。

如何理解主动做广告的餐饮店呢?从某种意义上看,这等同于在说"这家店不好"或"没有顾客光临"。

有些店铺会雇人发传单和打折券,如果没有传单和打折券,顾客就不会进店,这等于是花费了人工费宣传却"无人进店"。这一定不是好事。如果是一家小规模的个体商店,想发传单的话,最好能凸显出店铺的个性;传单必须是手写且能看清店员的容貌,不能是彩色的设计图。

目前，最受重视的促销工具是互联网上的各种美食网站。有些餐饮店更是不断地在 Tabelog、GURUNAVI 和 HOT PEPPER 等网站上投放广告。

我想在这里提出一个问题。近年来，美食网站的揽客效果越来越弱。当然，美食网站永远不会承认这一点。

"使用免费的社交软件是不是更好呢？"事实上，我经常听到餐饮业内部和外部的人这样说。

也许餐饮店很难立即停止向美食网站投放广告。但是，浪潮正朝着这个方向涌来，这是不可否认的事实。

我的公司"Hospitason"也会协助客户运营社交媒体。之所以开始这项业务，是因为感受到了"浪潮"的到来。

目前日本流行的主要的社交媒体包括 Facebook、Twitter、Instagram、YouTube 和 LINE 官方账号。经常有客户问我："最近哪个社交媒体更好？"由于它们面向的用户群体不一样，所以我会回答说："如果可以，就全部开通运营。"

顾客分为两种，即现有顾客和新顾客。实际情况是，针对不同的顾客需要采取不同的对策。

那么，在目前的环境下，外界反响最好的社交媒体是什么呢？

Ins 可以吸引新顾客，而 LINE 官方账号是一个绝佳的工具，它可以牢牢锁定现有顾客并促进持续复购。

我来解释一下 LINE 官方账号。无须多言，LINE 应用程序是日本最常用的社交软件。LINE 官方账号则是一款可以在该应用程序中使用的揽客应用程序。也就是说，如果你使用 LINE 应用程序，LINE 官方账号的信息自然也会出现。

即使是不知道名字的顾客，LINE 官方账号也能将信息传递到他们手中，到达率很高，也容易获得顾客的反馈。最低限度的应对方案是"在 Ins 上吸引顾客并使用 LINE 官方账号促进他们复购"。

另一方面，Facebook 和 Twitter 在日本仍然很流行，

143

我们也应该跟进使用。

YouTube 是耳熟能详的视频应用程序，现在用智能手机就能轻松拍摄视频。例如，上传到 YouTube 的视频也会出现在搜索网站上。而且，由于 YouTube 是 Google 的子公司，所以在搜索关键词中输入标题的话，Google 的搜索引擎也会显示出来。例如，输入"大阪/餐饮店/动画制作"搜索图像，我们公司的 YouTube 视频就出现了。

每个社交媒体都有自己的特点。重要的是，要依据店铺的特征和特性来使用它们。

店铺的信息在社交媒体上扩散后，下一步就会出现在网络新闻中。

如今，还有许多互联网新闻读者，如果刊登在网络新闻上，店铺信息很可能会进一步扩散。

这是一个聪明的餐饮经营者必须灵活运用网络的时代。而现在，正是花时间和精力使用免费社交媒体的时候。

## 照片胜过文字,视频胜过照片

曾经有一段时间,在社交媒体上人人都喜欢"晒美照"。

但如今,趋势有了新变化,重心从"晒美照"转移到了"晒视频",从"晒美图"转移到了"短视频创作"。甚至出现了一股新风潮——背后的故事比眼前的照片和视频更重要。

在跟上这些趋势的同时,还需要考虑进一步有效使用社交网络的方法。

我们公司使用大众媒体、社交媒体和自媒体创建了一个机制,以提高餐饮店的品牌知名度、揽客能力并吸引人员应聘。

在这三种媒体中,"希望用视频传播店铺魅力"这一需求每年都在增长。

在YouTube还没有像现在这样普及之前,我就已经开始关注YouTube了,原因是它有丰富的信息量。据说,视频中包含的信息量是图片的5000倍。有观点认为,1分钟的视频所拥有的信息量相当于3000个网站提供的信息。

从那时起,我就安排了专人负责用视频促销。我给出的建议是:"(在征得同意的前提下)拍摄顾客并在媒体上播放视频""持续在YouTube上发布信息,对自己公司的市场营销有所帮助"。

商业世界一直在使用"B to B(Business to Business,企业间的交易)"和"B to C(Business to Consumer,企业与消费者的交易)"这样的术语。而今后,我们即将进入"B to F(Business to Fun,企业与爱好者的交易)"时代。

有人说,"让爱好者们成为企业推出的商品或服务的粉丝,建立这种关系非常重要",我对这个观点有异议。仅创造粉丝和爱好者还远远不够。企业有必要创造、培养支持者和后援者，而不是粉丝、赞助者或爱好者。

今后，餐饮业将迎来"B to S（Business to Supporter，企业与支持者、后援者之间的交易）"时代。我们必须在新时代里生存下去，而实现这一目的的有效工具是大众媒体、社交媒体和自媒体三种媒体。餐饮店要灵活运用各种媒体，适应 B to S 时代的同时拓展业务。

在 B to S 时代，在媒体上进行促销不仅要推出商品，还要推出"人"。

我经常对我的客户说：

"如果隔壁开了一家同类型的店铺，你会怎么做？在餐饮领域，专利等知识产权几乎是行不通的。如果在这家一直营业到现在的拉面店旁边开了一家同档次、同菜单的新拉面店，顾客会以什么标准选择这家店呢？答案是'人'，只有人。"

因此，餐饮店必须不遗余力地提高员工的魅力，在运营体制中纳入提高待客和服务质量的方法。

# 龟户饺子：
# 靠单品菜单让顾客排起长队

"龟户饺子"是东京东半部最受欢迎的大众美食，有龟户饺子总店，以及锦系町店、两国店、大岛店三家分店。其中，总店只供应饺子和饮料，其他分店的菜单上除了有饺子，还有拉面、炒饭等，餐品十分丰富。

总店的点餐系统也很独特。顾客落座后，即使什么都没点，店员也会端上来一盘饺子让顾客先品尝。这家餐厅的规则是必须点两盘饺子，所以点单之后，店员还会再端上来一盘饺子。如果有需要，顾客可以再单点一盘或者两盘。

菜单上只有饺子和饮料，总店如此干脆的安排令人惊叹。作为供应商，其性价比应该是最好的，一点都不浪费。

这家店味道好，受欢迎，以前就很流行。听到"龟户饺子"的人会脱口而出"就是那家店吧"，实在令人惊叹。

值得一提的是，其店内的装饰十分有年代感。店内仅有"U"形柜台，想来想去，应该是为了方便包饺子和上菜而设计的。即便如此，还是有很多顾客光临，莫非这就是"传统的力量"？

如果你知道我刚才提到的这家店铺的规矩，那你也可以吹嘘一番。这家店铺具有话题性，它让你忍不住告诉别人："我去吃过龟户饺子了哟。"

在大阪，也有几家专门做小饺子的餐馆，其中的代表有"大阪北新地·点天"和"大阪北新地·天平"。大多数顾客会点10多份饺子和啤酒一起享用，味道相当不错。

龟户饺子的案例告诉我们，特色是多么重要。

## 博得女孩子口碑比定位年龄更重要

大家常说"创造饮食潮流的是中学生"。现如今,年龄变得更小了,连小学生也包括在内。

在饮食趋势方面,男孩子完全不行,女孩子的口碑才是决定性因素。

假如你想靠单品引爆潮流,就必须博得这个时代女孩子们的喜爱。例如,女孩子现在依旧很喜欢火爆已久的"珍珠奶茶"。

这个道理不仅限于食物,它适用于所有的流行趋势。

举一个我的客户的案例。

"Berugu No Shigtsu"是 UNIMAT 集团旗下的蛋糕糕点专卖店。

它是一家实力店铺，2019 年 6 月 29 日在《日经新闻》的"冰激凌三明治夏季美味特集"中位列日本第二。

这家店决定开始运营 LINE 官方账号。那一年的年末，恰逢圣诞蛋糕的销售时期。

由于圣诞蛋糕在 12 月 23 日、24 日和 25 日限时供应，因此店门前不断排起了长队。

店员向排队等候的顾客推荐"添加店铺的 LINE 官方账号"，短短 3 天，就获取了 1000 多个关注。当时新加的好友，在此后的回购和促销活动中表现得十分活跃。

当然，这可能是女孩子们的口口相传在起作用，但赶上圣诞节的时机也很重要。

我再介绍一个与女孩子没有关系的促销活动案例。

大阪的"鸡肉料理 TORIHIME"也是我的客户。

2018 年年末，这家店计划在 2019 年春天举办"令和活动"。

在迎接新元号之前，首先要感恩过去。于是，该店决定在活动期间,向姓名中包含平成、昭和、大正、明治的顾客提供"免费无限畅饮"服务。

在社交网络上发布这一活动后,人们都赞不绝口,甚至有电视台前来采访。结果,顾客的预约订单蜂拥而至。

这是一个很好的案例。该店通过打磨素材并在社交网络上发布,引发了大众媒体的关注,从而吸引了大量的顾客。

我的客户中还有一家名为"烤肉KURABEKO"的餐厅,它位于大阪狭山市的郊外。

这家店推出了"早晨烤肉"。在午餐之前,顾客可以吃上烤肉。

它的目标群体是老年人,瞄准的是老年人的晨练活动,打出的口号是"吃'早晨烤肉'来增加力气吧"。

揭晓答案后,在原来没有顾客光临的时间段里,一些非目标顾客群体开始进店就餐。店内的顾客熙熙攘攘,这个企划方案有效提升了店铺的销售额。

也许引领潮流的主角不限于初、高中生，善用媒体要比定位年龄更重要。

## 星巴克：隐藏"小杯"的销售技巧

总部位于西雅图的咖啡连锁店"星巴克"提供四种杯型大小的滴漏咖啡，按升序排列依次是小杯、中杯、大杯和超大杯。据说在收银台，点中杯的人最多。

原因很简单。星巴克的菜单上只写着"中杯""大杯"和"超大杯"，并没有写小杯。只有知道小杯的顾客才能点单。当然，如果对收银台说"我要小杯"，这样点单是没有问题的。

如果菜单上写着"小杯"，点它的顾客应该会非常多。这就是星巴克战略的高明之处。最终，顾客的消费单价上涨了。

有一部分日本家族拉面店也采用了星巴克的策略，

把拉面分为"大碗"、"中碗"和"标准碗"。

这个策略的目标是"销售中碗"——在"大碗"和"标准碗"之间设置"中碗",从而提高客单价。

"铁板神社"的促销方式也别具一格。它是一家铁板烧专卖店,分别开设在大阪的难波、北新地和道顿堀。

这家餐厅的铁板烧和创意串烧只会在顾客喊"停"时被端上桌。不过在停下之前,店员会一个一个地不停烤串,因此顾客喊"停"后,店员会端出好几道菜品上桌。这也是一种促销方式。

最近,我比较关注天妇罗①店的服务。

餐饮业近年来掀起了开设天妇罗餐厅的热潮,大公司也参与其中。福冈的"天妇罗处 HIRAO"是引领这股风潮的店家之一。它提供的服务有"无限量供应自制咸

---

① 天妇罗,在日本指"油炸食品"。(译者注)

鱼和芥菜"以及"免费续添米饭"。

在天妇罗炸好之前，顾客可以就着咸鱼和芥菜吃下两三碗米饭。最近，一些大型餐饮企业也开设了天妇罗专卖店，无限量供应明太子①、芥菜、咸菜等。

---

① 明太子，一道菜肴，是用辣椒和香料腌制的明太鱼的籽。(译者注)

## 勇里庵：烤肉店的延迟上肉策略

我的客户中有一家位于东京池袋的别具特色的烤肉店，引起了大家的热议。店铺提供茨城县 A5 级的牛肉。店铺的卖点本应是肉质厚实的牛肉，但是开席过了 30 分钟它也没有"上肉"。

人在减肥时容易因担心"变胖"而远离烤肉，这家店铺这么做的目的是要改变它所处的尴尬地位：牛肉与前菜的蔬菜和汤搭配，选择好部位，吃优质的牛肉，对促进健康大有帮助。所以，这个套餐的名字是"用肉的力量促进健康"。

在开席之后的 30 分钟里，"炒年糕前菜""欧米茄沙拉""裙带菜紫菜汤"被一道接一道地端上餐桌。用餐后，顾客的饱腹感会很强。

"不想让顾客多吃肉的烤肉店"，这样的理念可以说相当新颖。

此外，这家名为"勇星庵"的餐厅还利用最近流行的"烤肉热"，在社交网络上推出了"牛胸腺烤肉"，并经由《周末新闻报道》的采访引起了很大的反响。

除了勇星庵，还有一些引领风潮的餐厅，比如烧酒餐厅"芋藏"。它于2003年开设第一家店，引领了正宗烧酒的发展。

店内烧酒柜台上陈列着数百个品牌，令人目不暇接。当时，"说到烧酒，就想到芋藏"，没过多久，顾客们就给出了这样的评价。

酒饮热潮的周期大约是10年。我相信，总有一天，正宗烧酒又会掀起一波新浪潮。

目前日本全国有20多家店铺，即使热潮退去，也不会动摇强势品牌的地位，这也是一个巨大的价值。

## 查询日本纪念日协会网站来策划活动

你知道"日本纪念日协会"这个团体吗？它是一个以认证和登记周年纪念日为目的的一般社团法人。

协会的网站上记录了各种各样的纪念日。最近登记在网站上的有：UFO捕获日、配置药日、体检日、黏稠酱汁日、糖果日，阵容相当强大。

有这么多的纪念日，没有理由不用在促销活动里。根据店铺的业务类型、经营形式找出适合自己的纪念日，联系到自己的菜单企划和展销会上，效果会怎么样呢？

纪念日协会只是一个民间团体，说是"认证登记"，但它其实不具有任何权威性和强制性。

虽然商家可以随意设立纪念日，但既然有协会，搭个便车也未尝不可。

# 第 7 章

# 利用"零成本策略", 化劣势为优势

## 成为小众领域的领头羊

由 TRY International 公司（总部位于日本千叶县千叶市）经营的"味噌①拉面专营店面场田所商店"是一家专门经营味噌拉面的连锁店。

其经营的店铺，包括海外店铺在内，已超过 100 家。

日本味噌是享誉世界的发酵食品，日本的味噌拉面专营店更是不可胜数。一直以来，这些店铺都是各自为战，只销售本店研发的味噌拉面。田所商店最厉害的地方在于，它会使用来自日本各地的味噌，提供北海道味噌拉面、伊势味噌拉面等不同的口味。

---

① 味噌，日本最受欢迎的调味料，以黄豆为主原料，加入盐和不同的种曲发酵而成。(译者注)

这一做法大获好评。眨眼间，田所商店便攻城略地，迅速扩张。现在，它已经成长为一个在海外也炙手可热的品牌。

说起小众，有一家店不可不知。

你听说过"能喝的汉堡"这个词吗？

"什么？什么是'能喝的汉堡'？汉堡怎么能喝呢？"这个名字有一种让每个初听者都备感好奇的强大吸引力。总部位于千叶县船桥市的"TOPPE MEAT"经营了一间店铺，它的名字正是"能喝的汉堡"。

当你真正品尝到他们用 A5 级黑毛和牛制成的"能喝的汉堡"时，就会体验到肉质的鲜嫩，简直入口即化。经过两道研磨工序的肉质更加柔嫩，让你享受到极致的美味和满口爆汁的快感。

这是名字和口感的双重胜利。当然，其味道更是出类拔萃，大受好评。

虽说是小众领域，但最重要的还是提炼出他人难以复制的独特性并进行精心打磨。

## 元祖炸串达摩：借助媒体东风，锁定"家庭聚餐"

在日本，说起炸串，人们通常会将其与"大阪美食"联系起来。

的确，从私人店铺到连锁店铺，大阪的大街小巷开满了各式各样的炸串店。

在众多的专营店中，最受媒体追捧的非"元祖炸串达摩"莫属了。通天阁正下方的锵锵横丁，就是他们的创业发源地。

曾是一名职业拳击手和演员的赤井英和先生曾公开宣称，自己从学生时代起便一直是这家餐厅的常客。

2000年店主濒临破产时，赤井先生还伸出了援手。

挺过危机后，该店以新世界、道顿堀为中心掀起了新店开设热潮。

如今，达摩已成为大阪的一道名胜，吸引着众多海内外游客到访。同时，在赤井先生的支持下，借助媒体的东风，它一举成为名动东京城的日本名店。

现在，"说起大阪炸串，非达摩莫属"的旗帜已经牢固树立起来。此外，它还在东京开起了炸串连锁店。

达摩推出的"田中炸串"更是成功站上了潮流的风口前端，最终使它发展成为一家上市公司。

事实上，达摩最初在大阪开了好几家店，但是经营情况却并不理想，于是它改变了运营方针，决定"到东京去，卖大阪炸串"。它锁定"家庭聚餐"这一目标群体，将店铺开在了东京住宅区的一角。

通过举办各种各样的活动，达摩令孩子们流连忘返。可以说，它开创了一种前所未有的门店模式。

现在，提起东京的大阪炸串，非"田中炸串"莫属。

业内同行都在分析它的菜品和业态,以期探寻其品牌得以发展到如此境界的奥秘。然而,其中的诀窍却并非能够如此简单复制的。

# 赢得90%的顾客喜爱："只为过生日的你"特价提供策略

大概没人不喜欢别人为自己庆生吧。

对于许多人来说，过生日似乎并没有像他们所期待的那样"得到祝福"。

当人们收到来自邮购公司写着"生日快乐"的直邮信件时都会忍不住点击打开，这其实是利用人们对生日的微妙心理而使用的一种销售方法。

说到餐饮业的生日祝福，名古屋的居酒屋"哆啦A梦"很受欢迎。在顾客生日等各类活动中，店内全体员工都会载歌载舞庆祝。对顾客而言，毫无疑问，这是一份惊喜。

他们将"惊喜"作为一种娱乐活动精心策划准备。据说他们的目标是向"东京迪士尼乐园"这样的商家看齐,所以每个人都载歌载舞,围绕着那位幸运的顾客并为他送上祝福。

这样的表演够酷炫吧?目前,"哆啦A梦"已经进军东京并引发了越来越多的关注。

## 想要提高业绩，就表扬自己的员工

在如今的餐饮业，一种名为"表扬教育"的人才培养体系越来越受关注。

这一概念来源于"Spiral Up"公司的法人代表原邦雄先生。表扬教育，顾名思义，就是通过表扬的方式来培育员工。

然而，"表扬"不等同于单纯的奉承恭维或让员工心情愉悦，而是要对员工提升业绩的合理努力给予表扬。久而久之，其他员工自然见贤思齐，进而提升整体业绩成效。

当然，这么做还有另外一层好处，那就是如果平时能够真心关切并表扬自己的员工，那么当你不得不责骂他们时，他们会更愿意虚心倾听。

具体做法非常简单。

只要员工能够切实执行既定决策，就不吝给予认可和表扬，并向员工派发一张"表扬单"。如果收到表扬单的员工心情愉悦，就向老板返送一张"感谢单"。反之，当员工未能很好地执行决策时，老板要指导其顺利完成，并在此基础上给予认可和表扬。

"表扬单"和"感谢单"的往来交换，能够起到唤醒人们认可欲的作用。"得到了认可，好开心啊！以后我要更加努力，得到更多的认可。"就这样，员工的工作热情得到了有效引导。

过去，餐饮业还没有这样的机制。而现在，已经有众多企业引入了"表扬教育"机制。

一家在大阪总部以特许经营为中心开展业务的公司表示，自从引入"表扬教育"机制以来，员工的满意度和稳定性均有所提高。许多店铺在这两个指标上的提升率同比增长了110%和125%。

我有幸就"透明资产"这一概念采访了法人代表原邦雄先生。

胜田：你在工作中是否能感觉到"透明资产"的存在？

原：经常能感觉到。这不是当下唯一的存在方式吗？我们正处于一个不断将服务可视化的时代，服务的形式变得越来越直观、可视了。

我认为，我们这些专家可以将顾客最终选择某家店铺的因素可视化，比如它提供的服务、时间的节点、店堂布局方式、摆盘、味道和温度。简而言之，我们可以将QSCA的水平可视化，因为我们是专业人士。

然而，顾客不是。顾客虽然无法将这些因素可视化，但他们可以感觉到。他们会萌生出"这家店不错啊"或者"我就是不喜欢这家店"的想法。他们不一定能够用语言来表达，但这些感受会决定他们是否还会再次光临这家餐厅。

"就是不喜欢""就是喜欢",这就是当前的行业现状,它充分反映出"透明资产"的重要性。如果商家没有找准自家的"透明资产"并对员工进行可视化培训,它将很难吸引到顾客。

胜田:对于餐厅而言,"氛围"至关重要。有些店是不是一走进去,就能感受到一种独特的氛围?

原:的确是这样。越是生意兴隆的店铺,越是拥有无与伦比的良好氛围,不管它是员工创造的、顾客带来的,还是店主有心经营的。无论经营的是何种生意,氛围都是最重要的因素。

归根结底,"表扬教育"实际上就是说话的方式方法问题,它无关金钱。但神奇的是,仅凭这一点就足以改变店铺氛围、提升销售业绩。

## 餐饮周边的"零成本策略"：通过专业化实现销售额最大化

餐饮店并不是唯一致力于"零成本策略"的行业。

在餐饮的周边行业中也有很多类似的企业，如上文提到的原邦雄先生创立的"Spiral Up"公司就是其中之一。它们通过将客户锁定在餐饮企业实现了业绩最大化。

以下为大家介绍一些专门从事这类宏观投资的企业。

首先是"桶谷控股"。该公司从奈良县吉野市起步，目前已将商业版图扩展到了整个近畿圈。在关东圈，则已经进军埼玉县。它旗下拥有专门经营餐厅酒类批发公司的"桶谷"，以及整合了大型酒类专营店及商超的

"Bottle World OK"等众多企业。

桶谷控股的出彩之处在于，它树立了一个致力于"让所有员工都成长为酒类专家"的大目标。毕竟在"拥有酒类相关资质的人数"方面，它的确独占鳌头——它拥有37名侍酒师、1名清酒师、182名清酒品尝师、159名烧酒品尝师、21名烈酒顾问和31名啤酒顾问。

桶谷控股不仅是一家酒类批发公司，还是一家高举事关餐饮店繁荣发展的"价值提案"这一利器，一路开疆拓土的企业。

"菜单设计研究所"是一家专门从事餐厅菜单设计的公司，迄今为止已经为10000多家商铺设计、制作了餐厅菜单。

一直以来，餐厅菜单的设计制作都流于简单粗放，大多数餐厅都认为"只要简单归类菜品""只要简单区分价格""只要把内容装进去归拢一番"即可。然而，菜单设计研究所却致力于推出"助力提高销量的设计"。据说仅菜单的版式布局一项，就能带来明显的销量差异。

如何让设计促成贩卖，让商品拥有稳定的销量，这是一项专业活儿。使用免费的菜单创建应用程序"Menu Express"，你便可以轻松创建菜单POP海报，以便在当天迅速售出想要出售的餐品，甚至可以直接加入当天的菜单。

菜单设计研究所还专门为连锁餐饮企业总部的设计负责人开设了"菜单设计学校"，并将相关的专业知识倾囊相授。

"OLLDESIGN"是一家专业从事餐饮连锁店铺设计的公司，也是一家敢于宣称自己提供"增加销量的设计"的公司。

事实上，它不只创作好看的设计作品。同样一件店铺设计，它追求的是从席位效率、厨房效率到店内移动路线，如何让顾客感到宾至如归，如何尽可能多地接纳顾客，以及如何拟定便于职员工作等各方面的指标要求。

"Give Spiral Japan"是一家以"零投诉"为座右铭的租金优化咨询公司。在众多的租金谈判公司中,其特点是以"优化"作为基准,而非单纯的降价谈判。

在日本,能够以"零投诉"完成谈判的公司并不多。而近些年来,它也收到了大量关于连锁餐厅租金优化的咨询。

"Soluna"是互联网风评对策咨询领域的龙头企业,曾经连续 4 年蝉联日本最佳风险投资 100 强榜单。

Soluna 创造了一个又一个独一无二的服务案例,而"网络简历"可以向我们还原它招录人才的真实面貌。

一个人是否会在入职后采取令人难以置信的行动来撼动公司的运营和管理?负责人可以在招聘之前便获知这一点。员工个人在社交媒体上发布的帖子很可能会对公司的管理产生重大影响,这就是餐饮企业。

目前,相关业务咨询量正在激增。

在食品领域，也不乏在专业从事餐饮服务的过程中探索出竞争对手无法复制的独门秘计，从而带动自身业绩持续发展的企业。

比如前文提到的"食一"，就是凭借连接渔港和餐厅的鲜鱼直送服务而备受瞩目。它遍访日本全国各地的渔港，搭建合作伙伴关系，并研发出能够实现常温配送的专利技术。

再比如"东方面包房"生产和销售餐厅专用面包。它珍视"积小胜为大胜"，实行"面包1斤起送"对策，最终在近畿地区抢占了最高的市场份额。

即便对于单纯的"餐厅专营"而言，也会因与私人店铺还是与连锁店铺打交道的不同等带来产品、服务和销售方法的不同。

从配送和经营效率的角度来看，确定将企业业务重点放在哪个地区也至关重要。

餐饮店就是借助专业从事餐饮领域的专业人士之手来打磨其"透明资产"并实施其"零成本策略"的。

# 第 8 章

## 勿让"透明负债"击垮公司

> # 顾客不再光顾的最大理由是
> # "不知道为什么"

日本曾经有一本名为《日经餐厅》的餐饮信息杂志。该信息杂志面向顾客开展了一次题为"你为什么不再去熟悉的餐厅了？"的问卷调查，结果令人震惊。

结果出来前，我们理所当然地认为"味道变差了""员工的服务不好"等这些标准答案肯定会占大多数，但结果令人大跌眼镜。排在第1位的居然是"不知道为什么，反正就是不想去了"。

这正是"透明资产"中的负面资产，也就是"透明负债"。

正是因为"透明负债"被摆到了台面上，所以才导致顾客不再光顾。

"不知道为什么",这句话所表达的意思,肯定不是那些看得见的东西,而是那些看不见的东西。

我们经常把"气氛很好"或"感觉不舒服"挂在嘴边的时候,往往并不了解所谓的"透明资产"。但毫无疑问,顾客流失必定是因为店铺曾经能够提供的"透明资产"已经难以为继。

"透明资产"本就是看不见、摸不着的东西,所以店长或者经营者几乎不可能察觉其中的变化。

顾客"不知道为什么"不想去的店铺,最终一定会倒闭。这就是"透明负债"的可怕之处。


"不知道为什么"带来的阴霾,也隐藏在我们日常生活中的诸多方面。

比如爱情。起初的山盟海誓,却不知道为什么慢慢地激情退散,终至形同陌路。

"没什么理由,就是不想见了。"

想必每天都有成千上万对情侣因为这样的理由而劳燕分飞吧。

## 店铺移址、翻新改造须谨慎

"透明资产"是一种虽然看不见,但却可以吸引顾客进店并增加销售额的无形资产。

同时,也有一些隐性因素会让顾客避之唯恐不及,如没朝气、惰性、散慢、冷漠、马虎、缺乏个性等。它们的价值与"透明资产"相反,我称之为"透明负债"。

这是某家拉面店的遭遇。原来的老店自从搬到购物中心的商铺后,顾客突然就不光顾了。

其实以门店外观和店内氛围为卖点的店铺,往往容易陷入这种怪圈,比如日本东京新宿的"黄金街"。这是一个仍然残存着第二次世界大战后斑驳的黑市气息,并且老餐馆密集的区域。

试想，如果把这一区域的商铺搬到繁华的商业大街上去，结果又会怎么样呢？毫无疑问，客流量会减少。

2019年1月，"日本桥三越"总店进行了一场充分利用数字技术的重大改造。它推出的理念是"令世界悸动的好客艺术"。店内配备的职员包括9位"礼宾员"和100位"导购员"。

导购员根据顾客要求引导他们来到各处的卖场，起到了连接售货员和礼宾员的桥梁作用。礼宾员对各大卖场里的商品了如指掌，并且也是与顾客沟通协调的行家里手。

令人大跌眼镜的是，他们的销售额却低于上一年同期。要知道，日本桥三越手上可是掌握着被称为"账房"的政商界要人等众多顾客资源。各位负责人也与顾客及其家人建立了长期往来的良好关系。

随着翻新改造的完成，数十名跟进顾客的负责人已经被导购员等角色取代。结果，或许就是这个原因怠慢了一众"账房"们。

由此可见，翻新改造既能够提供创造新"透明资产"的机会，也潜藏着意外背负"透明负债"的风险。

## 让顾客第一时间知道店内提供"多语言菜单"

近几年来，入境日本观光的势头丝毫没有放缓的迹象。

JTB综合研究所的旅游统计数据显示，2018年约有3100万外国人到访日本。十年前的2008年是830万人。2025年的大阪世博会必将加速这一趋势。

餐饮店当然也有必要制定充分考量外国顾客需要的对策。不过，这也不是说事事都要别出心裁。

首先，从准备"多语言菜单"开始。

制作多语言菜单本身并没有什么难度，互联网上有许多使用AI智能"免费创建多语言菜单"的网站。但重点是，要让顾客从店外就能知晓店内能够提供多语言菜单。

这是一个广迎四方宾客的时代，但很多日本店铺的菜单依然只有日文版，也没有及时让顾客在店外就知悉店内提供多语言菜单，这种疏忽无异于自设障碍，最终只会流失客源。

另一方面，一些店铺似乎过于热衷吸引外国顾客，导致顾客群体固化。当这股国际浪潮退去，届时还会有日本顾客登门光顾吗？

或许，餐饮店有必要趁眼下时机提前进行一些战略调整。

## 传达正确的餐厅礼仪

我曾经在日本东京近郊的一个露营地听工作人员讲过这么一件事。在家长团中有一部分人习惯恶劣、礼仪粗鄙，招来了许多麻烦。例如，乱抛垃圾、酗酒买醉、随地小便等。

工作人员情急之下说出"请带您的孩子一起来"，马上就收到了戏剧性的变化效果——在孩子们面前，大人们的行为举止大为改观，整个营地的氛围也变得明快起来。

大人总不能当着孩子的面留下满地狼藉回家，于是他们开始默默地整理打扫。

位于日本东京都港区白金的法国餐厅"La cherir"每月都会举办一次"儿童专场日"。

一般而言,"儿童专场日"是指通常不接待儿童的店铺专门开设的欢迎儿童入店的日子。只有在这一天,商家才会特别准备孩子们使用的菜单,设置哺乳和换尿布的母婴室。

但是,La cherir 的儿童专场日却没有准备儿童菜单,孩子们只能照单点菜,或者吃大人点的餐。

此外,餐厅也不提供儿童座椅。孩子们一般坐在加了坐垫的普通椅子上,和大人们平视。

餐厅原本就是成年人的社交聚会场所,这种意识在欧洲尤为强烈。即便是儿童专场日,也并不以儿童为主角提供特殊的服务。

作为饮食文化的一部分,La cherir 将切实传达正确的餐厅礼仪和餐厅举止放在了非常重要的位置上。它并没有简单地将带孩子的顾客拒之门外,而是以实际行动向前迈出了一步。

## 坐在顾客的椅子上看问题

正如我在"清洁"的主题中提到的那样，对于餐饮店而言，是否清洁干净乃事关生死的重要问题。

像桌上放着堵塞的酱油瓶或沙司瓶这样的情况，原本甚至不值一提，店主或者店长只要偶尔坐在顾客的椅子上看一看就能解决。

从坐着的角度去看，肯定能够看到与平时站着工作时所见不同的情景。但从店长或者店员的角度出发，是不是很容易陷入"怎么简单怎么开店"的思维中呢？所以，试着坐在顾客的椅子上，设身处地站在他们的角度看问题吧。或许，真的能发现给顾客造成困扰的难题。例如，贴在墙上的菜单能不能看得清楚？

坐在椅子上看问题为你从顾客的角度思考提供了一个绝佳的机会。

在日本，也有以"放任不管"为特色的店铺。

"大吉"是大阪堺市一家深受当地人喜爱的知名天妇罗餐厅。"午夜供应天妇罗"的风格虽说有趣，但这家餐厅最大的特色却在"地板"上。

顾客可以把蛤蜊味噌汤里的贝壳直接扔到地板上。事实上，餐厅里的地板上到处都是散乱的贝壳。但这些贝壳并不是"垃圾"，它们能起到营造氛围的作用，因此无须清理。

曾经还有一间酒吧，可以把坚果皮直接扔到地板上。它们的风格如出一辙。

冲绳县那霸市的"角打酒场足立屋"允许顾客吸烟。不仅如此，它还规定要把吸完的烟头弹到地上。它提供一项名为"Senbero[①]"的服务，顾客花上1000日元便可购买3杯最喜欢的酒水和下酒菜。

这家店铺有自己独特的规则：严禁携带筷子，必须用牙签扎东西吃。

但是，它允许顾客自带酒水。或许，这就是原汁原味的"角打"。大家对此好恶不同、褒贬不一，但可以说它一直在打造自己独一无二的店铺风格。

---

[①] Senbero，是指花1000日元就能喝到酩酊大醉的日本酒馆的俗称。(译者注)

# 第 9 章

## 没钱也能开"常胜店"

## 为什么我能在中部国际机场的招商中取得胜利？

我在麒麟啤酒公司工作时，曾负责新开港的中部国际机场新特丽亚（Centrair）的招商工作。

项目组（PT）在开港 3 年前成立。我们听取了新特丽亚机场方面的意见，了解他们想招什么样的商户到餐饮楼层。

项目组介绍了符合新特丽亚意向的公司。同时，我们也将"有意到新特丽亚开店"的餐饮店（对于麒麟啤酒营业担当的我而言，他们又是我的客户）介绍给机场方。这套工作机制很早以前就开始运作了。

航空公司对新特丽亚机场餐饮楼层提出的想法颇有

195

特色。比如对于寿司行业，他们就提出希望引入"反向引进且充满日式风情的回转寿司店"，而不是正宗的寿司店或者普通的回转寿司店。项目组根据这些意向推荐了相关商户。

正是因为有了这些扎实的前期沟通工作，所以最终我们在新特丽亚引进了许多符合航空公司理想意向的商户，同时也满足了想要进驻开店的客户的愿望。

项目组几乎没有遇到其他竞争对手，麒麟啤酒也获得了饮品供应方面的主导决定权。

"承蒙关照，如果能够进驻开店，以后店内就卖麒麟啤酒了。"这是餐饮店店主主动对我们说的。项目组成员从来没有对商户说过任何"请在新特丽亚店里销售我们的麒麟啤酒"之类的只言片语。

结果，在新特丽亚经营的54家餐饮店中，我们的麒麟啤酒产品成功打进了其中的50家。

我们工作组为什么能够以压倒性优势获胜呢？原因有两个：一个是项目启动运行得早；另一个是我们能够

牢牢把握航空公司和餐饮店所面临的问题，并有针对性地提出解决方案。

一般而言，在获得机场这类商业设施的过程中，很容易形成投资膨胀、条件上恶性竞争的局面。然而，在新特丽亚项目中却并未出现此等现象。

还有一点，我想谈一谈啤酒制造商增加其在商业设施中市场份额的意义。

如果商业设施的访客量很大，我们就可以在那里扎实地宣传"麒麟啤酒"这一品牌。

试想，如果餐饮楼层到处都有人用杯身印着"麒麟一番榨啤酒"标志的大啤酒杯喝啤酒，或者各处都放着印有"麒麟拉格啤酒"标签的啤酒瓶，那么该商品的品牌一定会深深地映入顾客的脑海里。

如果麒麟啤酒通过这种方式广为人知，那么它也必定会对在超市、便利店或者大众零售店销售的相关商品产生巨大的影响，促使人们掏钱购买。

工作组成员考虑的不仅仅是夺取市场份额的问题。我们把新特丽亚当成一座城市,致力于让在那里迎来送往的所有人都喝上麒麟啤酒——自负地讲,正是有这样的想法作为基础,我们才能取得如此巨大的成功。

## Hospitason：为餐饮店吸引顾客提供社交网络服务支持

我经营的公司 Hospitason 主要为餐饮店提供吸引顾客的媒体服务。

媒体分为三种类型：大众媒体、社交媒体和自媒体。

其中，大众媒体包括电视、报纸和杂志；社交媒体包括 Facebook、Twitter、Instagram 和 LINE 官方账号等；自媒体可以是公司自己的网站或专门用于招聘的网站等。

通过综合运用这些媒体方式宣传餐饮企业"透明资产"优势，这就是 Hospitason 的使命。

协助店铺打造出一种让顾客能经常看见、听见的状态，引发顾客的兴趣并最终吸引他们进店。这就是 Hospitason 提供支持的具体内涵。

Hospitason 不是一家单纯的公关公司，也不同于网页或社交网络服务的制作公司。我有着在麒麟啤酒公司工作时积累的丰富经验，也非常擅长与餐饮企业打交道。我相信，这是我们公司的优势。

不同的媒体有不同的优势和劣势。

首先，是大众传媒。电视和杂志对消费者的影响仍然根深蒂固，如何做到不用花钱也能让这些大众媒体来采访我们，这才是重点。为此，我们必须扎实打磨和传播餐饮店的"秘诀"强项以及自身的"透明资产"。

大众媒体的报道往往是昙花一现。尽管如此，它在"制造即时话题"和"培育声誉"方面仍然拥有不可忽视的力量。

其次，是社交媒体。社交媒体具有延时性，而不是即时性。这就造就了其自身的特点，也就是消息的渗透需要一定的时间。但是，只要孜孜不倦地坚持下去，以往的宣传信息就会在网络上保留存档。

这就是餐饮店的"透明资产"。有时候，甚至在一两年后，仍然可能会有顾客看到你更新的某篇文章并做出回应。

它在素未谋面的人群中被分享，在人们意想不到的地方点燃燎原的星星之火，这就是"透明资产"的特点。

最后，是自媒体。自媒体是为餐饮店创造信赖感的一种手段，它可以清晰地向顾客传达餐饮店或者公司所珍视的价值观和努力奋斗的目标。

除了美食网站，顾客想确认"这家餐饮店有什么特色"时，还会习惯性地上网访问该店铺或公司的网页。

总之，自媒体是一种非常适合传递原汁原味的店铺情况、公司的存在状态以及经营者思维方式的媒体。

Hospitason 目前为企业提供咨询支持，让它们能够在不花钱的情况下获得采访机会，也就是助力餐饮店提炼"秘诀"并向外宣传。

我们请一线的电视制作人挖掘公司的本真内涵，并就电视界的最新趋势听取他们的意见和建议。

作为伙伴之一，在应对社交媒体方面，我们广泛参与从制作到代为运营的全过程。由于餐饮店老板们都很忙，我们有时候会就如何运用媒体本身提供咨询支持。

此外，我们还将自媒体的重心放在视频制作方面。我们制作自媒体视频，或让社长发表视频感言，或向受众呈现店铺和商品的优点。我们协助视频的策划、拍摄、制作和运营。

近几年来，用于店前招牌宣传的视频服务需求正在不断增长。

> **单干后，我发现仅凭自己的从业经验无法吸引顾客**

我在麒麟啤酒面向餐饮店的销售岗位上工作了 17 年之久。

虽然算不上自鸣得意，但的确有些自以为是的地方。由于我在麒麟啤酒工作的时候，作为销售代表得到了一定程度的好评，因此自忖"在餐饮方面，无所不知"。如果我创业，客户没有理由不拜托我。我当时就是这么自以为是。

但做了一段时间的顾问后，有一天，我突然发现这种想法是完全错误的。自此，我才开始思考自己真正能做什么，自己提供的顾问服务和别人的有什么不同。

我曾经夸下海口向人推荐"××家的料理很好吃"的店铺，竟然在支撑了一两年后就轻易倒闭了。有时候，我甚至没发觉自己曾经对他人说过的话有多么不负责任。

"我要重新表达并推介我自己。"我反思道。

我不再一厢情愿地自卖自夸，而是在产生"不是应当这么做吗"的想法时，尝试与形形色色的人沟通交谈。

我开始跳出餐饮界，以外部视角进行长时间的观察。我自己也亲身体验过在站立式酒吧里刷盘洗碗、打扫清洁。

我对在餐饮店工作的时间和精力的重要性、麻烦和辛苦都有切身的体会。建立了这些共情基础后，我便能够对餐饮店有所帮助。我相信，这是我和我们公司的优势所在。

> # 来自高中时期足球俱乐部的队友
> # 和恩师的支持

虽然中途也曾受到偶然因素的干扰，但我却一直坚持踢足球。这对现在的我产生了持续的影响。

高中时代，我曾 5 次参加日本高中足球联赛。大学期间，我继续踢球。毕业后，我入职的麒麟啤酒公司也一直在支持、赞助日本国家足球队。

我的母校是一所名不见经传的小型高中，即便在我步入社会后，足球俱乐部的队友还给予了我诸多帮助。在名古屋，我们一起为新特丽亚项目组出谋划策。

刚在大阪创业时，公司没有客户，我的内心惶恐不安。正当此时，俱乐部的前辈和后辈队友们同时转职，来到了大阪。有他们在我身边，单从情感上就给了我莫大的支持。

足球俱乐部的恩师至今仍然是我最亲密的商谈和倾诉对象。不管是顺境还是逆境，他都一如既往地鼓励我、支持我。

这份通过足球联结在一起的"人间情缘"是我乘风破浪的底气所在。

即便在我开展咨询业务之后，也还曾经利用与J联赛（日本职业足球联赛）的合作产品进行过业务促销。我在每个J联赛俱乐部都有前辈、后辈或者熟人，所以推介起来轻车熟路。我眼下开展的工作也与足球息息相关。

虽然目标还不甚明朗，但我将来还是打算继续做一些对足球有贡献的事情。

## 提高餐饮从业者的地位

2019年5月，我前往自己心心念念的西班牙圣塞巴斯蒂安旅行。

一到当地，就能感受到那里洋溢着一种友善、好客的文化氛围。无论身处何地，顾客和员工之间都能平等相待，同欢共乐，互帮互助。

例如，在人满为患的情况下如果有人要点餐，可以说"请稍等"。这就可以构建起一种"OK"的相互关系。

那么，日本的餐厅是什么情况呢？在那里，"顾客就是上帝"成了一种弥漫在每个角落里的内心共识。说句不怕得罪人的话，这么做是否把顾客捧得过高了呢？

都说当下餐饮行业的前台工作尽是心酸劳累，从业人手也在日渐缩水,而我们的风气却还在把"过度服务"视为理所当然。顾客和店家之间的位置关系是不是有些扭曲了?

与其他行业相比,餐饮业从业者的地位仍然相对较低,这就是业内现状。

常言道:"餐饮是最受欢迎的兼职行业。然而,它却是最不受待见的就业去向。"这就是问题的症结所在,这就是赤裸裸的现实。在有着如此美妙的饮食文化的日本,这种状况真令人惋惜。

从某种意义上说,我出生在一个与餐饮业有关的家庭。现如今,我也仍然在从事与饮食有关的顾问服务工作。

将来,我想帮助、支持餐饮业从业者,提升他们的行业地位;我想让这个行业变得更加炫酷有品和广受欢迎;我希望它成为一个顾客和店家可以同欢共乐的行业。这就是我正在思考的课题。

要推动创建这样一个行业,单靠餐饮业内人士的力量是远远不够的。像我们这样的相关领域的外部专家、行业产品制造商、批发商和初级产品生产商必须勠力同心，才能有效推动餐饮行业的蓬勃发展。

值得庆幸的是，目前我已经涉猎了从上游到下游、从制造商到批发商的一众产业链条。作为一个了解每个行业特点的人，我将继续与各界同人接触沟通，努力提升餐饮行业的地位。

## 推动个人成长和企业成功

"且把苦行当修行,万事功到自然成"——这是我的座右铭。

至今仍是我的恩师并给予我无私帮助的高中足球队的林义规教练,一直在用这句话鼓励我。

每当遇到人生的十字路口,比起一马平川的坦途,我总是更愿意勇闯百炼成钢的难关。路虽难走,但当硕果落地,目标达成带来的喜悦也是巨大的。

当我们朝着一个目标奋力前进时,总会遇到各种各样的情况。不过,在此过程中攻坚克难、勇往直前不正是人生的要义所在吗?作为餐饮业顾问,我越来越坚信这一点。

# 结束语

"透明资产"和"零成本策略",现在,大家手中有这两个工具了。

我希望大家充分利用这些工具来吸引新顾客到店,同时提升老顾客的回头率。

我从小学开始踢足球,并且初中、高中一路坚持下来。原本进入顺天堂大学体育系的初衷是成为一名体育老师,但在大四的时候,我突然想测试一下自己作为商业人士的潜力。

当时的我作出了两个决定:一个决定是毕业工作10年后就创业;另一个决定是10年内成为金牌销售,并让自己的工作获得认可。

为了达成目标，我必须进入一家拥有优秀营销人员的公司。我相信"要做行业第一，就得手握真本领"，于是在 1993 年入职了麒麟啤酒公司。

在作为营销代表与 2000 多家餐饮店洽商合作的过程中，我开始接到餐饮店长关于"如何吸引顾客"的咨询。

2010 年，我怀揣"想要改变日本餐饮业"的梦想离开了麒麟啤酒公司。创业前在站立式酒吧的打工经历，成为我发现"透明资产"的契机。

"零成本策略"也成为我 2012 年成立 Hospitason 公司的一大支柱。

此书毫无保留地融入了我超越四分之一个世纪所积累的全部经验。我的使命是不仅利用"透明资产"改变餐饮业，也改变所有行业的服务。

感谢你的阅读和陪伴。让我们期待下一次相逢。

胜田耕司

**特别鸣谢：**

吾之人生导师林义规先生、岸添范雄先生、植木宏先生、谷义章先生、吉本真树先生。

承蒙照拂的桶谷陆会长、桶谷晃弘社长、中野宏信社长、笠井政志社长、清水延年社长、胜良良太社长、河野圭一社长、河本老先生、原邦雄先生、竹田阳一先生。

为本次出版提供鼎力支持的金泽学先生、吉田浩先生、上村雅代先生、岛屋佐知子女士和片田直久先生。

在此一并鞠躬致谢。此外，还要感谢所有参与 Hospitason 的相关各方、桶谷控股的全体同仁、家严泰三、家慈和子以及众位亲友家人。

**关于"服务的细节丛书"介绍：**

东方出版社从 2012 年开始关注餐饮、零售、酒店业等服务行业的升级转型，为此从日本陆续引进了一套"服务的细节"丛书，是东方出版社"双百工程"出版战略之一，专门为中国服务业产业升级、转型提供思想武器。

所谓"双百工程"，是指东方出版社计划用 5 年时间，陆续从日本引进并出版在制造行业独领风骚、服务业有口皆碑的系列书籍各 100 种，以服务中国的经济转型升级。我们命名为"精益制造"和"服务的细节"两大系列。

我们的出版愿景："通过东方出版社'双百工程'的陆续出版，哪怕我们学到日本经验的一半，中国产业实力都会大大增强！"

到目前为止"服务的细节"系列已经出版 130 本，涵盖零售业、餐饮业、酒店业、医疗服务业、服装业等。

更多酒店业书籍请扫二维码

了解餐饮业书籍请扫二维码

了解零售业书籍请扫二维码

# "服务的细节"系列

| 书 名 | ISBN | 定 价 |
|---|---|---|
| 服务的细节：卖得好的陈列 | 978-7-5060-4248-2 | 26元 |
| 服务的细节：为何顾客会在店里生气 | 978-7-5060-4249-9 | 26元 |
| 服务的细节：完全餐饮店 | 978-7-5060-4270-3 | 32元 |
| 服务的细节：完全商品陈列115例 | 978-7-5060-4302-1 | 30元 |
| 服务的细节：让顾客爱上店铺1——东急手创馆 | 978-7-5060-4408-0 | 29元 |
| 服务的细节：如何让顾客的不满产生利润 | 978-7-5060-4620-6 | 29元 |
| 服务的细节：新川服务圣经 | 978-7-5060-4613-8 | 23元 |
| 服务的细节：让顾客爱上店铺2——三宅一生 | 978-7-5060-4888-0 | 28元 |
| 服务的细节009：摸过顾客的脚，才能卖对鞋 | 978-7-5060-6494-1 | 22元 |
| 服务的细节010：繁荣店的问卷调查术 | 978-7-5060-6580-1 | 26元 |
| 服务的细节011：菜鸟餐饮店30天繁荣记 | 978-7-5060-6593-1 | 28元 |
| 服务的细节012：最勾引顾客的招牌 | 978-7-5060-6592-4 | 36元 |
| 服务的细节013：会切西红柿，就能做餐饮 | 978-7-5060-6812-3 | 28元 |
| 服务的细节014：制造型零售业——7-ELEVEn的服务升级 | 978-7-5060-6995-3 | 38元 |
| 服务的细节015：店铺防盗 | 978-7-5060-7148-2 | 28元 |
| 服务的细节016：中小企业自媒体集客术 | 978-7-5060-7207-6 | 36元 |
| 服务的细节017：敢挑选顾客的店铺才能赚钱 | 978-7-5060-7213-7 | 32元 |
| 服务的细节018：餐饮店投诉应对术 | 978-7-5060-7530-5 | 28元 |
| 服务的细节019：大数据时代的社区小店 | 978-7-5060-7734-7 | 28元 |
| 服务的细节020：线下体验店 | 978-7-5060-7751-4 | 32元 |
| 服务的细节021：医患纠纷解决术 | 978-7-5060-7757-6 | 38元 |
| 服务的细节022：迪士尼店长心法 | 978-7-5060-7818-4 | 28元 |
| 服务的细节023：女装经营圣经 | 978-7-5060-7996-9 | 36元 |
| 服务的细节024：医师接诊艺术 | 978-7-5060-8156-6 | 36元 |
| 服务的细节025：超人气餐饮店促销大全 | 978-7-5060-8221-1 | 46.8元 |

| 书　　名 | ISBN | 定　价 |
| --- | --- | --- |
| 服务的细节026：服务的初心 | 978-7-5060-8219-8 | 39.8元 |
| 服务的细节027：最强导购成交术 | 978-7-5060-8220-4 | 36元 |
| 服务的细节028：帝国酒店　恰到好处的服务 | 978-7-5060-8228-0 | 33元 |
| 服务的细节029：餐饮店长如何带队伍 | 978-7-5060-8239-6 | 36元 |
| 服务的细节030：漫画餐饮店经营 | 978-7-5060-8401-7 | 36元 |
| 服务的细节031：店铺服务体验师报告 | 978-7-5060-8393-5 | 38元 |
| 服务的细节032：餐饮店超低风险运营策略 | 978-7-5060-8372-0 | 42元 |
| 服务的细节033：零售现场力 | 978-7-5060-8502-1 | 38元 |
| 服务的细节034：别人家的店为什么卖得好 | 978-7-5060-8669-1 | 38元 |
| 服务的细节035：顶级销售员做单训练 | 978-7-5060-8889-3 | 38元 |
| 服务的细节036：店长手绘　POP引流术 | 978-7-5060-8888-6 | 39.8元 |
| 服务的细节037：不懂大数据，怎么做餐饮？ | 978-7-5060-9026-1 | 38元 |
| 服务的细节038：零售店长就该这么干 | 978-7-5060-9049-0 | 38元 |
| 服务的细节039：生鲜超市工作手册蔬果篇 | 978-7-5060-9050-6 | 38元 |
| 服务的细节040：生鲜超市工作手册肉禽篇 | 978-7-5060-9051-3 | 38元 |
| 服务的细节041：生鲜超市工作手册水产篇 | 978-7-5060-9054-4 | 38元 |
| 服务的细节042：生鲜超市工作手册日配篇 | 978-7-5060-9052-0 | 38元 |
| 服务的细节043：生鲜超市工作手册之副食调料篇 | 978-7-5060-9056-8 | 48元 |
| 服务的细节044：生鲜超市工作手册之POP篇 | 978-7-5060-9055-1 | 38元 |
| 服务的细节045：日本新干线7分钟清扫奇迹 | 978-7-5060-9149-7 | 39.8元 |
| 服务的细节046：像顾客一样思考 | 978-7-5060-9223-4 | 38元 |
| 服务的细节047：好服务是设计出来的 | 978-7-5060-9222-7 | 38元 |
| 服务的细节048：让头回客成为回头客 | 978-7-5060-9221-0 | 38元 |
| 服务的细节049：餐饮连锁这样做 | 978-7-5060-9224-1 | 39元 |
| 服务的细节050：养老院长的12堂管理辅导课 | 978-7-5060-9241-8 | 39.8元 |
| 服务的细节051：大数据时代的医疗革命 | 978-7-5060-9242-5 | 38元 |
| 服务的细节052：如何战胜竞争店 | 978-7-5060-9243-2 | 38元 |
| 服务的细节053：这样打造一流卖场 | 978-7-5060-9336-1 | 38元 |
| 服务的细节054：店长促销烦恼急救箱 | 978-7-5060-9335-4 | 38元 |

| 书 名 | ISBN | 定 价 |
|---|---|---|
| 服务的细节055：餐饮店爆品打造与集客法则 | 978-7-5060-9512-9 | 58元 |
| 服务的细节056：赚钱美发店的经营学问 | 978-7-5060-9506-8 | 52元 |
| 服务的细节057：新零售全渠道战略 | 978-7-5060-9527-3 | 48元 |
| 服务的细节058：良医有道：成为好医生的100个指路牌 | 978-7-5060-9565-5 | 58元 |
| 服务的细节059：口腔诊所经营88法则 | 978-7-5060-9837-3 | 45元 |
| 服务的细节060：来自2万名店长的餐饮投诉应对术 | 978-7-5060-9455-9 | 48元 |
| 服务的细节061：超市经营数据分析、管理指南 | 978-7-5060-9990-5 | 60元 |
| 服务的细节062：超市管理者现场工作指南 | 978-7-5207-0002-3 | 60元 |
| 服务的细节063：超市投诉现场应对指南 | 978-7-5060-9991-2 | 60元 |
| 服务的细节064：超市现场陈列与展示指南 | 978-7-5207-0474-8 | 60元 |
| 服务的细节065：向日本超市店长学习合法经营之道 | 978-7-5207-0596-7 | 78元 |
| 服务的细节066：让食品网店销售额增加10倍的技巧 | 978-7-5207-0283-6 | 68元 |
| 服务的细节067：让顾客不请自来！卖场打造84法则 | 978-7-5207-0279-9 | 68元 |
| 服务的细节068：有趣就畅销！商品陈列99法则 | 978-7-5207-0293-5 | 68元 |
| 服务的细节069：成为区域旺店第一步——竞争店调查 | 978-7-5207-0278-2 | 68元 |
| 服务的细节070：餐饮店如何打造获利菜单 | 978-7-5207-0284-3 | 68元 |
| 服务的细节071：日本家具家居零售巨头NITORI的成功五原则 | 978-7-5207-0294-2 | 58元 |
| 服务的细节072：咖啡店卖的并不是咖啡 | 978-7-5207-0475-5 | 68元 |
| 服务的细节073：革新餐饮业态：胡椒厨房创始人的突破之道 | 978-7-5060-8898-5 | 58元 |
| 服务的细节074：餐饮店简单改换门面，就能增加新顾客 | 978-7-5207-0492-2 | 68元 |
| 服务的细节075：让POP会讲故事，商品就能卖得好 | 978-7-5060-8980-7 | 68元 |

| 书　　名 | ISBN | 定　价 |
| --- | --- | --- |
| 服务的细节076：经营自有品牌 | 978-7-5207-0591-2 | 78元 |
| 服务的细节077：卖场数据化经营 | 978-7-5207-0593-6 | 58元 |
| 服务的细节078：超市店长工作术 | 978-7-5207-0592-9 | 58元 |
| 服务的细节079：习惯购买的力量 | 978-7-5207-0684-1 | 68元 |
| 服务的细节080：7-ELEVEn的订货力 | 978-7-5207-0683-4 | 58元 |
| 服务的细节081：与零售巨头亚马逊共生 | 978-7-5207-0682-7 | 58元 |
| 服务的细节082：下一代零售连锁的7个经营思路 | 978-7-5207-0681-0 | 68元 |
| 服务的细节083：唤起感动 | 978-7-5207-0680-3 | 58元 |
| 服务的细节084：7-ELEVEn物流秘籍 | 978-7-5207-0894-4 | 68元 |
| 服务的细节085：价格坚挺，精品超市的经营秘诀 | 978-7-5207-0895-1 | 58元 |
| 服务的细节086：超市转型：做顾客的饮食生活规划师 | 978-7-5207-0896-8 | 68元 |
| 服务的细节087：连锁店商品开发 | 978-7-5207-1062-6 | 68元 |
| 服务的细节088：顾客爱吃才畅销 | 978-7-5207-1057-2 | 58元 |
| 服务的细节089：便利店差异化经营——罗森 | 978-7-5207-1163-0 | 68元 |
| 服务的细节090：餐饮营销1：创造回头客的35个开关 | 978-7-5207-1259-0 | 68元 |
| 服务的细节091：餐饮营销2：让顾客口口相传的35个开关 | 978-7-5207-1260-6 | 68元 |
| 服务的细节092：餐饮营销3：让顾客感动的小餐饮店"纪念日营销" | 978-7-5207-1261-3 | 68元 |
| 服务的细节093：餐饮营销4：打造顾客支持型餐饮店7步骤 | 978-7-5207-1262-0 | 68元 |
| 服务的细节094：餐饮营销5：让餐饮店坐满女顾客的色彩营销 | 978-7-5207-1263-7 | 68元 |
| 服务的细节095：餐饮创业实战1：来，开家小小餐饮店 | 978-7-5207-0127-3 | 68元 |
| 服务的细节096：餐饮创业实战2：小投资、低风险开店开业教科书 | 978-7-5207-0164-8 | 88元 |

| 书　名 | ISBN | 定　价 |
| --- | --- | --- |
| 服务的细节097：餐饮创业实战3：人气旺店是这样做成的！ | 978-7-5207-0126-6 | 68元 |
| 服务的细节098：餐饮创业实战4：三个菜品就能打造一家旺店 | 978-7-5207-0165-5 | 68元 |
| 服务的细节099：餐饮创业实战5：做好"外卖"更赚钱 | 978-7-5207-0166-2 | 68元 |
| 服务的细节100：餐饮创业实战6：喜气的店客常来，快乐的人福必至 | 978-7-5207-0167-9 | 68元 |
| 服务的细节101：丽思卡尔顿酒店的不传之秘：超越服务的瞬间 | 978-7-5207-1543-0 | 58元 |
| 服务的细节102：丽思卡尔顿酒店的不传之秘：纽带诞生的瞬间 | 978-7-5207-1545-4 | 58元 |
| 服务的细节103：丽思卡尔顿酒店的不传之秘：抓住人心的服务实践手册 | 978-7-5207-1546-1 | 58元 |
| 服务的细节104：廉价王：我的"唐吉诃德"人生 | 978-7-5207-1704-5 | 68元 |
| 服务的细节105：7-ELEVEn一号店：生意兴隆的秘密 | 978-7-5207-1705-2 | 58元 |
| 服务的细节106：餐饮连锁如何快速扩张 | 978-7-5207-1870-7 | 58元 |
| 服务的细节107：不倒闭的餐饮店 | 978-7-5207-1868-4 | 58元 |
| 服务的细节108：不可战胜的夫妻店 | 978-7-5207-1869-1 | 68元 |
| 服务的细节109：餐饮旺店就是这样"设计"出来的 | 978-7-5207-2126-4 | 68元 |
| 服务的细节110：优秀餐饮店长的11堂必修课 | 978-7-5207-2369-5 | 58元 |
| 服务的细节111：超市新常识1：有效的营销创新 | 978-7-5207-1841-7 | 58元 |
| 服务的细节112：超市的蓝海战略：创造良性赢利模式 | 978-7-5207-1842-4 | 58元 |
| 服务的细节113：超市未来生存之道：为顾客提供新价值 | 978-7-5207-1843-1 | 58元 |
| 服务的细节114：超市新常识2：激发顾客共鸣 | 978-7-5207-1844-8 | 58元 |
| 服务的细节115：如何规划超市未来 | 978-7-5207-1840-0 | 68元 |

| 书　　名 | ISBN | 定　价 |
|---|---|---|
| 服务的细节116：会聊天就是生产力：丽思卡尔顿的"说话课" | 978-7-5207-2690-0 | 58元 |
| 服务的细节117：有信赖才有价值：丽思卡尔顿的"信赖课" | 978-7-5207-2691-7 | 58元 |
| 服务的细节118：一切只与烤肉有关 | 978-7-5207-2838-6 | 48元 |
| 服务的细节119：店铺因顾客而存在 | 978-7-5207-2839-3 | 58元 |
| 服务的细节120：餐饮开店做好4件事就够 | 978-7-5207-2840-9 | 58元 |
| 服务的细节121：永旺的人事原则 | 978-7-5207-3013-6 | 59.80元 |
| 服务的细节122：自动创造价值的流程 | 978-7-5207-3022-8 | 59.80元 |
| 服务的细节123：物流改善推进法 | 978-7-5207-2805-8 | 68元 |
| 服务的细节124：顾客主义：唐吉诃德的零售设计 | 978-7-5207-3400-4 | 59.80元 |
| 服务的细节125：零售工程改造老化店铺 | 978-7-5207-3401-1 | 59.90元 |
| 服务的细节126："笨服务员"解决术1：服务的分寸感 | 978-7-5207-3559-9 | 58.00元 |
| 服务的细节127："笨服务员"解决术2：培养有"眼力见"的员工 | 978-7-5207-3560-5 | 58.00元 |
| 服务的细节128："笨服务员"解决术3：服务礼仪，就这样做、这么想 | 978-7-5207-3561-2 | 58.00元 |
| 服务的细节129："笨服务员"解决术4：治愈顾客情绪 | 978-7-5207-3562-9 | 58.00元 |
| 服务的细节130："笨服务员"解决术5：捕捉顾客的真实想法 | 978-7-5207-3563-6 | 58.00元 |
| 服务的细节131：我是厨师，我想开自己的店 | 978-7-5207-3569-8 | 59.80元 |

图字：01-2023-2123 号

OKANE WO KAKEZU NI KYO KARA HANJYOTEN NI SURU SHINHASSO ZERO COST
SHUKYAKUJYUTSU by Kouji Katsuta
Copyright © Kouji Katsuta, 2019
All rights reserved.
First published in Japan by Shuwa System Co., Ltd., Tokyo.

This Simplified Chinese edition is published by arrangement with Shuwa System Co., Ltd., Tokyo
in care of Tuttle-Mori Agency, Inc., Tokyo through Hanhe International (HK) Co., Ltd.

#### 图书在版编目（CIP）数据

餐饮店"零成本策略"：不花一分钱的揽客妙招／（日）胜田耕司 著；潘郁灵，赵婉琳 译. —北京：东方出版社，2024.3
（服务的细节；132）
ISBN 978-7-5207-2125-7

Ⅰ.①餐… Ⅱ.①胜… ②潘… ③赵… Ⅲ.①饮食业—经营管理 Ⅳ.①F719.3

中国国家版本馆 CIP 数据核字（2023）第 230737 号

#### 服务的细节 132：餐饮店"零成本策略"：不花一分钱的揽客妙招
（FUWU DE XIJIE 132：CANYINDIAN "LINGCHENGBEN CELÜE"：BU HUA YIFENQIAN DE LANKE MIAOZHAO）

| | |
|---|---|
| 作　　者： | ［日］胜田耕司 |
| 译　　者： | 潘郁灵　赵婉琳 |
| 责任编辑： | 吕媛媛 |
| 责任审校： | 曾庆全　金学勇 |
| 出　　版： | 东方出版社 |
| 发　　行： | 人民东方出版传媒有限公司 |
| 地　　址： | 北京市东城区朝阳门内大街 166 号 |
| 邮　　编： | 100010 |
| 印　　刷： | 北京明恒达印务有限公司 |
| 版　　次： | 2024 年 3 月第 1 版 |
| 印　　次： | 2024 年 3 月第 1 次印刷 |
| 开　　本： | 880 毫米×1230 毫米　1/32 |
| 印　　张： | 7.5 |
| 字　　数： | 108 千字 |
| 书　　号： | ISBN 978-7-5207-2125-7 |
| 定　　价： | 59.80 元 |
| 发行电话： | (010) 85924663　85924644　85924641 |

版权所有，违者必究
如有印装质量问题，我社负责调换，请拨打电话：(010) 85924602　85924603